JN334200

日銀総裁とのスピリチュアル対話

「通貨の番人」の正体

大川隆法
RYUHO OKAWA

まえがき

増税を迫る政府。それに対して日銀はどうするのか。例によって日銀総裁の本心に肉薄《にくはく》するために、新春から、白川方明《しらかわまさあき》総裁の守護霊をお呼びして、その本音を確かめた。

私や幸福実現党の立木党首たちの考えと、白川総裁の守護霊意見のどちらが正しいかは、読者の判断にお任せする。

ただ、今年（二〇一二年）は、世界的経済危機が懸念《けねん》されているが、国民の本心を代弁して、国民を幸福にするために、今、日銀が何をなすべきか。それを考えるための材料を提供できれば幸いである。

二〇一二年　一月十二日

幸福実現党創立者兼党名誉総裁《こうふくじつげんとうそうりつしゃけんとうめいよそうさい》　大川隆法《おおかわりゅうほう》

日銀総裁とのスピリチュアル対話　目次

日銀総裁とのスピリチュアル対話

――「通貨の番人」の正体――

二〇一二年一月二日　白川方明守護霊の霊示

「霊言現象《れいげん》」とは、あの世の霊存在の言葉を語り下ろす現象のことである。これは高度な悟《さと》りを開《ひら》いた者に特有のものであり、「霊媒現象《れいばい》」（トランス状態になって意識を失い、霊が一方的にしゃべる現象）とは異なる。

日銀総裁とのスピリチュアル対話

――「通貨の番人」の正体――

二〇一二年一月二日　白川方明守護霊の霊示

白川方明《しらかわまさあき》（一九四九〜）

第三十代日本銀行総裁。東京大学経済学部を卒業後、日本銀行に入行し、主に企画《きかく》畑を歩む。日銀理事や京都大学大学院公共政策教育部教授を経て、二〇〇八年三月に日銀の副総裁となり、翌月、総裁に就任した。

質問者

立木秀学《ついきしゅうがく》（幸福実現党党首）

綾織次郎《あやおりじろう》（「ザ・リバティ」編集長）

大川裕太《おおかわゆうた》（大川隆法 三男・高1）

司会

近藤紫央《こんどうしお》（元・日本銀行勤務・現・幸福の科学専務理事 兼 宗務本部第一秘書局長）

※役職等は収録時点のもの

1　白川日銀総裁の本心を霊的《れいてき》に探《さぐ》る

日銀総裁の独占《どくせん》インタビューを読んで感じたこと

大川隆法　新年、明けましておめでとうございます。

今日は一月二日で、正月休みの期間中なのですけれども、今年の仕事始めをしたいと思います。「今年は何から始めようか」と考えたのですが、日本経済の問題は大きく、それは世界経済にも連動するでしょうから、白川日銀総裁の守護霊[注1]の霊言《れいげん》を収録しようと思いました。

「日経ヴェリタス」という新聞の最新号（二〇一二年一月一日発行。第一九九号）に、「2012　中央銀行が挑《いど》む　独占《どくせん》会見　日銀総裁が語る決意と苦悩《くのう》」という見出しで、日銀の白川総裁が独占インタビューを受けて一時間半ほど語った内容と、本当に孤独《こどく》そうな彼の写真が載《の》っています。

彼は孤独に苦悩しているようですが、「質問者が、日銀総裁の決意を訊《き》こうとして、その苦悩を見てしまった」というところではないかと思います。

この記事を私は何度も読んでみたのですけれども、「要するに、何がしたいのか」ということが、はっきりしておらず、よく分からないのです。ただ、これは、この日銀総裁にとって、いつものことではあります。

結論的に言えば、彼は、「民主主義の政治は、おそらく二〇一二年にはもう機能しないだろう」と見ています。そして、「ヨーロッパの現状を見てもそうだし、日本の政治も、たぶん機能しないので、中央銀行の機能がすごく求められるのではないか」と考えているようです。

それでは、「結局、白川総裁のやりたいことは何か」というと、彼は、「あれができない。これもできない」ということばかりを言っており（笑）、「何がしたいのか」ということについては何も言っていないのです。

彼は、「通貨に対する信認の維持《いじ》」を掲《かか》げています。「信認」と言うと、それだけで難しくなり、一般《いっぱん》の人にはよく分からないでしょうが、要するに、「通貨の信用の維持をしたい」ということです。それから、やはり、「『あくまでもインフレを起こさないようにすることが日銀の使命だ』というようなことを言いたいのかな」と感じるのです。

発展途上国《とじょうこく》などでは、国債《こくさい》等が債務不履行《さいむふりこう》となり、国家の財政が破綻《はたん》して、急にインフレが起きたことは、過去、確かにあるので、「そういうことを起こさないようにすることが日銀の使命だ」というような言い方はあるでしょう。

しかし、それは、別に、「今、言わなければいけないこと」ではないような気がします。日銀総裁がいつでも言っているようなことであり、日銀総裁に就任したら、必ず申し送られるようなことであると思うのです。

このように、彼は、具体的なことについては、ほとんど何も言っていないのですが、ただ、少し気になる点はあります。

独占インタビューを見ると、「日本の成長力を高めるために日銀ができること」についての質問に、彼は、「流動性供給に尽《つ》きるわけではない」というように答えています（注。ここでの「流動性」とは「通貨」を指す）。

要するに、「日銀は、お金をもっと刷って市場に出せ」というような意見が、かなりありますし、これを最も声を大にして主張しているのは幸福実現党だと思います。しかし、日銀総裁は、「それに尽きるわけではない」と言い、「それ以外にも、やるべきことはある」というようなことを言っているわけです。

それから、幸福実現党の立木《ついき》党首は、「デフレギャップ相当分の二十兆円を含《ふく》め、最大で七十兆円ぐらい日銀が国債引き受けをすればよい。復興増税は要《い》らない」と明確に言っているのですが、白川総裁は、「日銀の国債引き受けは、グローバル市場に対する誤ったメッセージになる」と言っています。

ここだけは、幸福実現党の主張に反応しているように見えなくはありません。白川総裁は学者総裁で、尻尾《しっぽ》をつかまれないよう、言葉巧《たく》みに上手に言い逃《のが》れをしているのですが、ここだけには反応しているように感じられます。その気配はあるのです。「日銀が国債を引き受けるのは最後の手であり、それをすると、そのあとは、もう、することがないから、『インフレ策をとるしかない』というようなメッセージを世界が受け取り、日本の通貨政策等の信用が落ちるのではないか」という悪い予想を立て、結局、何もしないわけです。

彼は、「日銀は孤独なフロントランナー（先頭走者）だった」と言っていますが、その顔つきから見て、おそらく、何もしないタイプの人だろうと思います。

［注1］人間の魂《たましい》は六人のグループからなり、あの世に残っている「魂の兄弟」の一人が守護霊を務めている。つまり、守護霊は、実は自分自身の魂の一部である。したがって、守護霊の霊言とは、いわば、本人の潜在《せんざい》意識にアクセスしたものであり、その内容は、その人が潜在意識で考えていること（本心）と考えてよい。

フリードマンやケインズ、高橋是清《たかはしこれきよ》の理論は過去のものなのか

大川隆法　白川総裁は、もともと学者肌《はだ》です。東大の経済学部を出て日銀に入り、確かミルトン・フリードマン（アメリカの経済学者）の研究室に行って勉強したはずです。「君は優秀《ゆうしゅう》だから、研究室に残らないか」という声もかかったようです。

一時、京大の教授も務め、その後《ご》、日銀の副総裁になりましたが、日銀総裁の人事

に民主党の横槍《よこやり》が入ったため、当初の候補者たちに替《か》わって、この予定外の人が総裁になったのです（注。政府が提案した総裁人事が民主党に反対され、二度も参議院で否決されたあと、現在の白川氏が総裁に就任した）。

そういう意味で、彼には、日銀総裁になる準備ができていなかったかもしれません。この人は、フリードマンのところで研究したので、流れとしては、ハイエク（オーストリア生まれの経済学者）やフリードマンなどと同じく、アメリカの自由主義の流れを引く経済学者なのです。

ところが、彼の発言内容を見ると、フリードマンの、「貨幣《かへい》の供給量を操作することで景気の調整ができる」というような考え自体を、もうすでに否定しているかのような印象を受けます。

これは、彼が中央銀行の総裁をしているがゆえに、そうなっているのかもしれません。中央銀行は「通貨の番人」と言われているので、彼も、ただの番人になってしまい、もはや、景気の調整をする気はなくなっているようにも感じられますし、「日銀総裁は、単なる学者や、意見を言う評論家ではない」と考えているようでもあります。

一方、自由主義の経済学者たちとは違《ちが》って「大きな政府」を目指し、「不況《ふきょう》のときには、ピラミッドをつくってでも、国家が財政支出をすれば、失業者を吸収でき、景気が回復する」と言った経済学者として、ケインズがいます。

この考え方は戦時経済などでは実際に効果を発揮しました。

例えば、ドイツは、第一次大戦が終わり、第二次大戦が始まるまでの約二十年間に、大恐慌《だいきょうこう》に襲《おそ》われたりしたものの、ヒトラーの下《もと》で急速に復興しました。彼の政策はケインズ政策の優等生と言われるものだったのです。

ヒトラーは、ピラミッドではありませんが、国内にアウトバーン（高速道路）などをつくったりして、ケインズ理論を、そのとおり実行し、経済的にドイツを急速に復興させました。これについてはケインズも拍手《はくしゅ》を送り、「ヒトラーは私の理論の忠実な実行者だ。私の言うことをきいたら、ドイツは立ち直ったではないか」と考えたようです。

ただ、ヒトラーは、政治のほうでは、そのあと戦争を起こし、よくありませんでしたけれどもね。

また、アメリカは、一九二九年に始まった大恐慌から脱出《だっしゅつ》できなくて苦しんでいましたが、歴史の教科書などには、ケインズの理論を取り入れた「ニューディール政策」でテネシー川の渓谷《けいこく》にダムづくりなどを行い、それによって景気が回復したかのように書いてあります。

しかし、本当は、それでは回復せず、実際上は、第二次大戦で日本やドイツと戦争をすることで特需《とくじゅ》が発生し、軍需産業が盛り返したことで景気が回復したのです。

結局、白川総裁は、このインタビューを読むかぎりでは、「フリードマンの理論もケインズの理論ももう効かない時代に入った。そうかといって、どうしたらよいかは分からない。しかし、大川隆法や幸福実現党が言っていることを、そのまま聞き入れたら、どうなるかが分からない。そういう怖《こわ》さもある」と考え、結局、日銀の元のスタイルに戻《もど》ろうとしているのではないかと思われるのです。

彼は、インタビューのなかで、「高橋是清蔵相《たかはしこれきよぞうしょう》の高橋財政では、国債の日銀引き受けを行い、大恐慌から世界でいち早く脱出したではないか」という意見に対して、「あの当時と今とでは違う」と言い訳をしています。「あのときには、国債を引き受ける人が、それほど多くなかったため、いったん日銀が引き受けたのであって、今は、一般の人が買う時代である。だから違うのだ」というような言い方をしているのです。

貧乏神《びんぼうがみ》に憑《つ》かれているように感じられる日本

大川隆法　その「日経ヴェリタス」は、日銀総裁のインタビューと同時に、クルーグマンという経済学者の意見も載せています。九〇年代のバブル崩壊《ほうかい》で日本経済が駄目《だめ》になったことを、アメリカの経済学者などは、さんざん批判していたのですが、アメリカも、この前のリーマン・ショックで、バブル崩壊のようなものを経験したので、クルーグマンは、「日本に謝《あやま》るべきかもしれない」と語ったそうです。

経済学は、とにかく混沌《こんとん》状態で、実際上、あまり役立たない学問ではあるのです。

当会は、宗教であるにもかかわらず、無謀《むぼう》と言えば無謀ですが、もう二十年以上にわたって、大蔵《おおくら》省や財務省の政策に対する批判、首相の判断に対する批判、日銀総裁への批判を、けっこう行《おこな》ってきました。

バブル崩壊についても、結局、「当時の三重野《みえの》日銀総裁による反省の弁が出ていない」

ということが、本当は大きいのではないかと私は思っています。

彼は、まさしく社会主義経済を実践《じっせん》したのです。当時は日経平均株価が三万九千円近くまで上がっていましたが（一九八九年十二月）、「上がりすぎだ」と見て、それを一気に減らしに入ったわけです。少し調整するつもりでいたのかもしれないけれども、その後《ご》、株価はどんどん下がって、一万円を割り、一時は七千円台まで下がってしまいました。

しかし、これは、国民の側から見れば、株で財産を持っていた人たちの財産が、半分、四分の一、それ以下へと、どんどん減っていったわけですから、問題があったと言えます。はたして国策で私有財産を減らすことができるのでしょうか。これは「私有財産を守る」という憲法の規定にも反していることなのです。

そのころの宮澤《みやざわ》総理は自民党の人でしたが、いわば学者総理であり、「左」に寄ったリベラル派で、当時、池田勇人《いけだはやと》の「所得倍増計画」に倣《なら》って、「資産倍増論」を唱えました。

そこで、「どんなよいことが起きるのかな」と思って見ていたら、何のことはない、要するに、「資産を暴落させたら、土地や建物などが半額で手に入る」という程度の経済学であったようです。バブルが崩壊して、土地も建物も安くなりましたが、結局、資産も少なくなり、〝資産半減論〟になってしまいました。

その後遺症《こういしょう》から、日本経済は、なかなか脱却《だっきゃく》できないでいるわけです。「国策など政府が絡《から》んだ経済政策は成功しないのだ」ということは、ハイエクが何度も指摘《してき》しているのですが、いくら言われても分からなくて、そういうことを政府はやりたがるのです。

その後、二〇〇〇年代になって、小泉《こいずみ》総理が新自由主義的な経済運営をしているときには、少し改革が進んで経済が浮上《ふじょう》し、緩《ゆる》やかな好景気が生じてきていたものの、これも、「格差が開《ひら》いた」という声が上がってきたら、再びバシャッと潰《つぶ》されました。また株価を半減させてしまい、「株へ株へ」と走っていたお金が株に流れなくなったのです。

全体的には、うまくいかないというか、どうも日本は貧乏神《びんぼうがみ》に憑《つ》かれているように感じられます。

大不況《だいふきょう》を招いた「松方財政《まつかたざいせい》」と、好景気をつくった「高橋財政」

大川隆法　「通貨に対する信認を守る」というのは、結局、「通貨の価値を一定に保ちたい」ということなのでしょうが、これについて考えてみたいと思います。

昨日《きのう》、私は明治時代についての勉強をしていたのですが、「松方《まつかた》財政」「松方デフレ」と呼ばれる政策が実施《じっし》された時期があります。

「松方デフレ」は、早稲田《わせだ》大学創設者でもある大隈重信《おおくましげのぶ》の二代あとの大蔵卿《きょう》（現在の財務大臣に当たる）である松方正義《まさよし》が行《おこな》った政策です。

一八七七年に西南戦争が起きたとき、軍費等がそうとう必要だったため、明治政府は紙幣を大量に刷りましたが、それは、兌換《だかん》紙幣、すなわち、金《きん》や銀と交換できる紙幣ではなく、交換できない不換《ふかん》紙幣でした。

そういう紙幣が大量に流通していると、貨幣に対する信認が落ちてしまいます。「『紙幣など、いくらでも刷ればいい』というような経済は不健全だ」ということで、明治政府は、この紙幣の整理に入りました。要するに、この紙幣を回収し、その流通量を減らしていくとともに、緊縮《きんしゅく》財政を敷《し》いたのです。

白川総裁が、今、考えているのは、本当は、これに近いことなのではないかと思うのです。この人だけでなく、財務省の役人や総理もそうです。緊縮財政の気配は、すでにあります。

「通貨に対する信認を守る」というのは、要するに、「不良な通貨を出さない」ということですが、明治政府が金や銀と交換できない不換紙幣を大量に出したあと、松方財政は、それを兌換紙幣に替えようとしていったのです。

それでどうなったかというと、やはり大不況《だいふきょう》が来ました。紙幣の価値は上がったのですが、物の値段がものすごく下落していきました。要するに、農産物の値段などが暴落したのです。

さらに、お金が十分に供給されていないため、人々は高利貸しからお金を借りるようになり、その結果、農地などの土地も財産も家屋敷《いえやしき》もなくなるような人が続出して、政府がものすごく恨《うら》まれる時代が来たのです。

これが「松方デフレ」の時代です。

その過程で、日本銀行が中央銀行として正式に設立されました（一八八二年）。最初は銀本位制から始まっているのですが、そのあと、金本位制に変わりました。

しかし、昭和期になると、高橋是清蔵相のときに金本位制をやめています。「高橋財政」は積極財政であり、国債の日銀引き受けを行い、不換紙幣を大量に出して、好景気をつくりました。要するに、「人工インフレをつくって好景気にし、失業者を吸収する」というようなことをしたのです。

以上、日銀ができる前の歴史と、できてからあとの歴史と、この両方を見ながら、今の政府や日銀がやろうとしていることを、歴史的に分析《ぶんせき》しなければなりません。

流れ的には、もう二十年以上もデフレ状態が続いているのに、日銀総裁は、「インフレを懸念《けねん》し」などと、いまだに言っているのです。この紋切《もんき》り型は、日銀の不文律であり、代々の申し送りであって、これしか言えないのかもしれませんが、「日本経済の現状をしっかりと認識しているのか」ということについては問題があります。

また、野田総理に至っては、「経済的成長や発展のことが、頭のなかに、まったくないらしい」という感じもあります。

その前の人（菅《かん》前総理）もそうですが、北欧《ほくおう》型の福祉《ふくし》国家を考えているのかもしれません。しかし、それは、老後の安泰《あんたい》と、「国民が何とか食べていけたらよい」というあたりで満足し、もうすでに経済成長を考えていないような国です。そこでは、社会保障の部分を含めたら、実質税率が七十パーセントぐらいになっています。

要するに、「収入の多寡《たか》に関係なく、国民一人当たり七十パーセントぐらい税金を負担して、老後の生活を守りましょう」ということです。そういう国は、「幸福度が高い」とされていますが、「実際上、アクティブな活動は、ほとんどなされていない」という状況です。

アクティブな経済活動がなされているときには、「非常に成功する人も出れば、失敗する人も出る」というかたちで、経済のダイナミズムが必ず出るのですが、それが出ないようにしようとしたら、結局、ほとんど動かない経済になるのです。

日銀総裁の守護霊に対する質問者たち

大川隆法　ここまでは、概論《がいろん》的なことをお話しいたしました。

白川総裁は、このインタビューのなかで、具体的な景気回復策等については、ほとんど何も語っていないにもかかわらず、唯一《ゆいいつ》、当会の主張にだけは少し反応しているようなので、これについては当会としても何らかの話をしたほうがよいと思っています。

そういう意味で、今日は、白川総裁の守護霊をお呼びし、対話をしたいと思っています。質問者として、幸福実現党の立木党首と、月刊「ザ・リバティ」（幸福の科学出版刊）の綾織《あやおり》編集長に来てもらいました。

それから、白川総裁の就任後に日銀に就職し、その日銀総裁を見限って、幸福の科学総裁のところに出家・転職してきた近藤紫央《しお》さんに、女性の視点で司会を務めてもらいます。

もし、日銀総裁の守護霊が、抽象《ちゅうしょう》的な言語を用いたり、いろいろとごまかしたりするようでしたら、日銀で働いていた者として、「今、訳の分からないことを言わなかったでしょうか」とか、「何か、ごまかしていませんか」とか、話を分かりやすくするために訊いてくだされればありがたいと思います。

経済の話は難しいので、できるだけ分かりやすい内容にしなければいけないと思っています。

ただ、この二人（立木と綾織）も、少し難しいことを言うので（笑）、映像を公開したり書籍《しょせき》化したりしたときに、話が分かりにくくなるかもしれません。

そこで、うちの三男（大川裕太《ゆうた》）も質問者に加えました。

現在、彼は中高一貫校《いっかんこう》であるA校の高校生ですが、A校では中学三年で卒業論文があり、彼も森鷗外《もりおうがい》についての論文を書いたそうです。そして、今、高一の冬休みには、修論《しゅうろん》（社会科基礎《きそ》課程修了《しゅうりょう》論文）というものに取り組んでいます。ハイエクの著書などを読み、大きな政府と小さな政府の関係のところを勉強し、明け方までかかって、一生懸命《いっしょうけんめい》、論文を書いているようです。

彼にも質問者に加わってもらい、もし何か気のつくことがあったら、訊いていただきたいと思います。高校生の質問に、日銀総裁の守護霊は、単純明快に答えられるでしょうか。言い逃れをするでしょうか。

女性や高校生の質問に答えられないようでは、やはり抽象的議論に逃《に》げているとしかいようがないので、女性の司会者と高校生の質問者を用意しておきました。

前置きは以上です。

白川日銀総裁の守護霊を招霊《しょうれい》する

大川隆法　それでは行きましょうか。

白川総裁は、どのような人でしょうね。見るからに研究肌ですが、やり手ではない雰囲気《ふんいき》が漂《ただよ》ってはいます。

今年初めての霊言収録になりますが、「今年の日本経済をどうするか」ということについて対話をしたいと思います。

これは、決して、興味本位なこととか、オカルト趣味《しゅみ》でやっていることとかではなく、「今後、日本の国民が本当に不幸にならないように」と思ってのことなのです。

もし、間違った財政・経済・金融《きんゆう》政策等をとると、長きにわたって国民は苦しむことにもなりますし、今、政府は大増税をかけようとしているので、この時期の経済の舵取《かじと》りは非常に大事なことです。もしかしたら、日本が奈落《ならく》の底に沈《しず》むかもしれませんし、あるいは、本当に、その方法が正しくて向上するのかもしれません。また、ヨーロッパと同じようになるのか、別になるのか、そのあたりも気になるところです。

そのように、「日本の国民や世界の人々の未来を幸福にすることに少しでも寄与《きよ》したい」という思いで、霊言《れいげん》を収録します。どうか、単なる興味本位や、あるいは、「いかがわしい宗教が、『売らんかな』で、『霊《れい》もの』というか、霊の言葉のようなものをつくっている」とは思わないでいただきたいのです。

それを言っておきたいと思います。

私は、宗教家ではありますが、法律や経済について勉強したことがある者なので、それほど筋の違ったことを言っているとは思っていません。

これより、白川日銀総裁の守護霊を招霊《しょうれい》いたします。話をし、本心を問いただして、意見に食い違いがある論点については、なるべく聴衆《ちょうしゅう》のみなさんに分かるような言葉で、議論していただければと思います。

それでは、日本銀行の白川総裁の守護霊を呼びたいと思います。

（合掌《がっしょう》し、瞑目《めいもく》する）

日本銀行総裁、白川氏の守護霊よ。どうか、幸福の科学教祖殿《きょうそでん》・大悟館《たいごかん》に降りたまいて、年初に当たり、今年の抱負《ほうふ》や考えておられることを述べてください。「この国の経済の舵取りを、いかにすべきか」ということについて考えておられることを、どうぞ、われわれにお教え願いたく存じます。

白川総裁の守護霊よ。どうか、幸福の科学教祖殿・大悟館に降りたまいて、われらに、そのお考えを開示したまえ。

（約五秒間の沈黙《ちんもく》）

2 「日経ヴェリタス」での発言の意図

日銀総裁こそが「現代の法王」である

白川日銀総裁の守護霊〔以下、「白川守護霊」と表記〕 白川ですけど。うん？ 何だか変な感じですね。

綾織 明けましておめでとうございます。

白川守護霊 あ、ああ、おめでとうございます。

綾織 正月早々、大悟館《たいごかん》にお越《こ》しいただきまして、ありがとうございます。

白川守護霊 うーん。

綾織 「日経ヴェリタス」という、日本経済新聞社から出している投資金融《きんゆう》情報紙がありますけれども、この新年号のインタビューで、白川総裁のお考えがかなり詳細《しょうさい》に語られております。

白川守護霊　うんうん。

綾織　これを読んでみますと、結局、何をなされたいのか、よく分からないところが若干《じゃっかん》あります。

白川守護霊　うん？

綾織　ただ、このなかで明確に発信されている内容としては、「お金は、そんなにたくさん刷らない」ということと、「日銀が国債《こくさい》の引き受けをするのはよろしくない」ということの二点だと思います。

白川守護霊　うーん。

綾織　この発言の意図といいますか、どういうところを狙《ねら》いとしてお話をされたのかということについて、本心をお聞かせ願えればと思います。

白川守護霊　まあ、結局ね、総理がよく替《か》わるでしょう？　総理は、何か一つの失敗があれば交替《こうたい》できるけど、日銀総裁っていうのは、独立性が大事であってね。中央銀行の総裁というのは、民主主義的に世論《せろん》で総理のクビが替わるように、替わってはいけないわけなんです。

あんな、一年たつかたたないかで、どんどん総理が替わっているような状況《じょうきょう》においては、むしろ、総理の権限とか尊厳とかいうものは、非常に低い感じになっているので、「日銀総裁こそが、『現代の法王』として日本を守らねばならんのだ」ということですよね。

だから、私が任期いっぱい、不動の心でもって、要するに、「一切《いっさい》の言論に動じないで、方針を堅持《けんじ》する」ということが、結局、日本を守ることになるし、国民に安心を与《あた》えることになる。

まあ、そういうことであって、もっと分かりやすく言うとすれば、「責任は内閣で取ってくれ。日銀は責任を取らん」ということです。

「通貨発行権の独占廃止《どくせんはいし》」は日銀の権限を根本《こんぽん》から崩《くず》す

綾織　サブプライムローン問題による金融危機以降、アメリカは、お金を三倍ぐらい刷っています。それに対して、日銀は新たに一割ぐらいしかお金を刷っていないので、「日本を中心にお金が出回っていない」という状態です。

基本的に、「お金を刷らないために、景気が上向かない」という結果になっているわけですが、その部分についての責任は、やはり日銀にかかってくると思うのです。

白川守護霊　いやあ、君らは、何かあれだねえ、ほんとに細かいなあ。アメリカがそれだけおカネを刷っているのに、日本が刷っていないとか、えらい細かいけどさ、君たちだろう？　「通貨発行権を日銀だけに任せておくと、ろくなことがないから、ほかのメガバンクにも通貨を発行させろ」とか言ってるのは。

確かに、ハイエクもそういうことは言ってるからさ、まったく素人《しろうと》の意見とは言わないけどね。「通貨発行権に関する中央銀行の独占《どくせん》を廃止《はいし》して、複数から出せるようにしよう」というのは、ハイエクも言っている。まあ、自由論、自由経済から見たらそうだわな。

日銀一カ所で止められたら、もう出ませんからね。それなら、ほかのところから出せば済むわけで、コンペティション（競争）の原理を、通貨の発行のところにも入れようとしてるわけでしょう?

これはねえ、日銀の権限を根本《こんぽん》から崩《くず》すことなんだよ。日銀総裁っていうのは、「鬼平《おにへい》」みたいなものなんだ。三重野《みえの》さんも鬼平と言われたけど、怖《こわ》い怖い人であるべきで、そんなに褌《ふんどし》を緩《ゆる》めては相撲《すもう》は取れんのだよ、君。褌を緩めたら、相撲を取っているときに「緩褌《ゆるふん》」になって落ちちゃって、放映禁止になるだろうが。

それと一緒《いっしょ》で、日銀総裁っていうのは、褌をギューッと締《し》めて、絶対に取れないようにしておくのが仕事なんだ。褌締め係なんだよ、分かる?

日銀は「保身の塊《かたまり》」であって、最後まで責任を取らない

綾織　そうしますと、日銀は何に対して責任を負っているのでしょうか。

白川守護霊　日銀はねえ、責任を取らないんだよ。

だから、戦艦大和《せんかんやまと》がね、沈《しず》められたら困るから最後まで出なかったのと一緒で、日本が沈むときには、日銀に責任がかかる。いちばん最後に沈むのが日銀なんだよ。ほかのものが全部沈んでいって、最後に、戦艦大和が護衛もなしに単独で沖縄《おきなわ》に向けて発進したけれども、あれが日銀の姿なんだよ。

綾織　そういう最後の場面で、日銀は何をされるのですか。

白川守護霊　え？　最後？　だから、日本銀行が潰《つぶ》れるということは、日本の国がなくなるということだよ。うん。

綾織　それまでは何もしないのですか。

白川守護霊　ええ、そういうこと。ほかのものが潰れていくわけ。

まずは会社が潰れて、それから、政府、役人、公務員が、もう大リストラで、役所が潰れ、内閣が潰れ、政党が潰れ、いろいろ潰れていくけど、日銀は不動なんだよ。

それで、最後に、日銀だけをみんな頼《たよ》りにするわけだけども、日銀で救えなかったら、戦艦大和の最期《さいご》と同じで、日本は〝敗戦〟を迎《むか》えるんだよ。

立木　それは自己保身ではないですか。

白川守護霊　日銀というのはね、「保身の塊《かたまり》」なんだよ、君。知らないのか。

立木　ああ、やはりそうなんですか。

白川守護霊　うん。責任を取るのは市中銀行なんだよ。

立木　ただ、日銀法でも、「国民経済の健全な発展に資《し》する」ということを理念にしていますよね。

白川守護霊　だから、それが健全だということなんだよ。

立木　いや……。

白川守護霊　健全ということは、「敵弾《てきだん》を受けない所に隠《かく》しておかなければいかん」

ということなんだよ。戦艦大和は、瀬戸内海《せとないかい》にできるだけ隠しておかないといけないんだよ。

立木　しかし、その過程で国民が苦しんでいるならば、やはりそれでは……。

白川守護霊　国民が苦しんでいるかどうかっていうのは、統計を取ってみないと分からないことじゃないか。君、主観で言っちゃあいかんよ。

立木　いいえ、そんなことはありません。統計を見ても、会社がたくさん倒産《とうさん》していますし、失業率も高いままで止まっています。そのように、悪い指標が数多く出ているのは事実です。

白川守護霊　だけどさ、会社が倒産するって言うけど、もし、その倒産する会社に放《ほう》漫《まん》融資をいっぱいしたら、不良債権が多発して、次は銀行が潰れるわけだな。

　銀行がいっぱい潰れてきたら、当然ながら、それは日銀の責任になってくるわけだから、銀行を潰さないことが大事なんだ。銀行を潰さないためにはどうするかというと、やはり、銀行が放漫融資をしないように、銀行のカネのところをちょっと締めておかなきゃいけない。

銀行にカネを流しても、今は、ほとんど国債とかを持たせてるから、会社のほうで自由にカネを借りて使うことができないわけだよ。銀行にカネを流しても、そのカネでほとんど国債を買わせてるからね。国債を買わせてるっていうことは、要するに、財政出動をして、国がカネを使うということだろう?

民主主義の下《もと》に、民意の下に選ばれた選良《せんりょう》たちが、国をよくするための政策判断をし、カネを使って大きな国家経済をつくり、その責任も取る。だから、これでいいんだよ。

「御殿女中《ごてんじょちゅう》」として、いかに優雅《ゆうが》に見せるかが大事

立木　ただ、「不良債権になってはいけないから、銀行に融資をさせないようにする」ということですと、銀行の自己責任は何もないではありませんか。

白川守護霊　銀行は、もともと責任なんか取らないところだからさ、うちと同じで。

立木　いやいや、自由主義経済であるわけですから、やはり自己責任でやらないと駄《だ》

目《め》ですよ。

白川守護霊　この前、都市銀行東京？　新銀行東京だっけ？　何か、石原《いしはら》さんの肝《きも》いりでつくったけど、やっぱり、ぶっ潰れちゃったじゃない。そして、袋叩《ふくろだた》きに遭《あ》ってたじゃない。あれは、中小企業《きぎょう》を救おうとして、もう担保はほとんど考えないでカネを貸し出し、成長させようとしたんだろう？　で、結局、潰れたんだろう？　それで、責任者は……。

立木　ただ、あれは、本当に素人がやったために、あのようになったわけですが、やはり日本の銀行には、それなりの専門家がいるはずです。

白川守護霊　石原さんじゃ責任を取れないのは分かってることだよね。

立木　やはり、われわれとしては、国民経済をよくするために、もっとお金を刷って、きちんとお金を流していかなければならないと考えています。

白川守護霊　だから、まあ、いいんですよ。都市銀行が国債を引き受けるのはいいし、国民が国債を買うのもいいけど、日銀が国債をあまり買っては、日銀の信用が落ちるから、気をつけないといけない。

立木　しかし、制度的には、すでに引き受けをしていますよね。

白川守護霊　まあ、しかたなく引き受けてはいるけども、これはあくまでも、嫌々《いやいや》でなければ駄目なんだ。女性と同じなんだよ。

男が声をかけたら、すぐに受け入れるような女性というのは、だいたい「危ない女性だ」と思われるでしょう？　それと一緒で、日銀っていうのは、昔から、「御殿女《ごてんじょ》中《ちゅう》」と言われてるんだよ。御殿女中だから、「いかに優雅《ゆうが》に見せるか。いかに世間ずれしていないように見せるか」が大事なんだ。

立木　日銀がよい状態にあるのは結構ですが、経済が不調で、国民がずっと苦しんでいるわけです。その状況のなかで、日銀だけが無傷でいて、「自分たちのことが大事だ」というだけだったら、やはり、それは、仕事をしていることにならないのではないですか。

白川守護霊　いや、私は、そんなに悪いとは……。

3　デフレについてどう考えるか

日銀の使命はインフレ抑制《よくせい》であり、デフレに対しては定義がない

立木　そもそも、デフレをどう考えているのですか。

白川守護霊　いや、だから、あの……。

立木　デフレはいいのですか。日銀としては、「デフレを望ましい」と思っておられるのですか。

白川守護霊　うーん。まあ、日銀の使命としては、インフレファイターとしての使命は明確なんだよ。

ただ、デフレについては、何もないんだよ、定義が。

立木　定義がなければ何もしないのですか。

白川守護霊　そんな事態は想定されていないんだ。だからさあ、先ほど、「松方《まつかた》デフレ」とか、日銀ができる前の古い話まで出してこられたので、ちょっとびっくりはしたんだけど、戦後は、基本的に、ずっとインフレ路線で来てるから、日銀の使命は、ほとんどインフレ抑制《よくせい》ばかりだったんだよ。

立木　ただ、アメリカのＦＲＢ（連邦《れんぽう》準備制度理事会）でさえ、「デフレになってはいけない」という理由で、五十兆円規模の大金《おおがね》を市場に出して防止しようとしているわけです。

海外でも、きちんとやっているのに、日銀は何もやっていないではないですか。

白川守護霊　だからねえ、私は、フリードマン先生に教わったけど、フリードマン先生を抜《ぬ》いちゃったんだよ。超《こ》えたんだよ。

彼は、やっぱりさ、学者といったって民間人だから、好き放題を言ってただけなのよ。「おカネの供給量を増やしたり絞《しぼ》ったりすることで、景気を調整できる」なんていうのは、傲慢《ごうまん》な考えなんだよ。経済っていうのは、そんなに単純なものじゃないんだよ。
　やっぱり、財政政策もあるしね。政府の予算をどうするかについての政府の方針もあるし、そのほかにも、民間の活力だとか、会社がどう頑張《がんば》って経済を引っ張っていくかとか、企業家《きぎょうか》が出るかとか、いろんなものがあって、経済というのは動くのであって、「通貨の調整だけで経済が動く」なんていうマネタリズムの考えは、学者の傲慢なんだよ。

綾織　アメリカの場合は、マネタリズムだけではなくて、財政政策と組み合わせているわけですし、いろいろな組み合わせでやっていくという意味では、今、日銀と政府が連携《れんけい》してやるべき政策というのは、たくさんあると思います。

白川守護霊　まあ、アメリカは「双子《ふたご》の赤字」だしねえ。ほんと言うと、あそこには軍事力があるからさ、最後はどうにかなると思って、信用されてはいるけども、それに比べれば、日本のほうが経済的には優秀《ゆうしゅう》なんですよね。それは、私が頑張ってるからなんですよ。ええ。

立木　何もしていないではないですか。何もしなくて優秀ということはありえないですよ。

白川守護霊　「何もしない」という人が、やっぱりねえ、優秀なんですよ。先ほど、戦艦大和《せんかんやまと》の話をしたけど、その前の日露《にちろ》戦争では、東郷平八郎《とうごうへいはちろう》が、艦橋《かんきょう》に立ったまま、もう何もしないで動かなかった。この不動の姿勢を見せることで、みんなの士気が上がったわけだよ。敵弾《てきだん》に当たることなんか恐《おそ》れもしないで、ただ立っていた。

立木　いや、全然、士気が上がっていないので困っているんです。消費をする意欲も起きないし、設備投資もできないということで、みな困っているわけですよ。白川総裁が、本来の仕事を全然しないでいるために、結局、日本経済が冷え込《こ》み、みな、やる気がなくなって、非常に困っておられるわけです。

白川守護霊　仕事をした人は、だいたい、みんなから批判されるじゃないか。バブル潰《つぶ》しをした三重野《みえの》は怒《おこ》られるしさ。

ちなみに、そのバブルを起こしたのは、福井《ふくい》（福井俊彦《としひこ》　第29代日銀総裁〔二〇〇三―二〇〇八〕）だよね。彼はあとで総裁として日銀に戻《もど》ったけどさあ、いったん民間に放り出されているじゃない（注。副総裁時代の一九九八年、大蔵省・日銀接待汚職《おしょく》問題で辞任）。しばらくして、ほとぼりが冷めてから、やっと帰ってきたけどさあ。バブルを起こしたのは、あれだよな。

ともかく、何かやった場合には、必ず批判される。極端《きょくたん》なことをしたら必ずそうなるので、やっぱり、学者的に、「なるべく任期いっぱいまで逃《に》げ切る」ということが大事なんだよ。

〔注2〕三重野氏の前任者である澄田智《すみたさとし》日銀総裁時代の一九八六年、急激な円高不《ふ》況《きょう》対策として大幅《おおはば》な金融緩和《かんわ》が行われたが、これがいわゆる〝バブル経済〟生成の直接の引き金になったとされる。なお、福井氏は、澄田総裁当時（一九八四―一九八九）、営業局長、総務局長、理事等を歴任している。

ゼロ金利で経済が発展しないのは、「国民のほうがおかしい」

立木　お話を伺《うかが》っていますと、何か民間に対する差別観というか、蔑視《べっし》のようなものを感じるのですが。

白川守護霊　やっぱり、経済っていうのは、民間がやるものでしょう?

立木　そうです。

白川守護霊　だから、民間が勝手にやったらいいんだよ。日銀は、それを見ておればいいわけであって、褌《ふんどし》を締《し》める以外には、行司役《ぎょうじやく》として、どっちが勝ったかということを……。

立木　それを言うのでしたら、通貨の発行も、民間に競争させれば、いちばんうまくいくのではないかと思います。

白川守護霊　いや、カネがあろうがなかろうが、頑張る企業は頑張るし、頑張らない企業は頑張らない。潰れてる企業があるといっても、全部が潰れてるわけじゃなくて、潰れてない企業もある。それは、努力によるわけであるからして……。

立木　それは、責任逃《のが》れの議論です。日銀は、通貨を出したり引いたりできる大きな権限を持っているわけですから、それをきちんと使わないといけません。

その権限を使わず、何もせずにいて、「あとは、みなさんの自己責任です」と言うだけでは、まったく仕事をしていないですよ。

白川守護霊　君ねえ、一言《ひとこと》、僕《ぼく》も遠慮《えんりょ》してることを言うけどさあ。ゼロ金利っていうのが、ずっと続いてるんだよ。これは異常だよ。タダでおカネを貸してくれるような状況《じょうきょう》が続いてて、それで経済が発展しないなんていうのは、これは国民のほうがおかしいんだよ。

そのカネを使って、バンバン事業をやるべきなんだよ。ゼロ金利より低い「マイナス金利」なんて、もうつくれないよ、君。

綾織　しかし、今は、お金をどんどん使う人はいませんし、企業のほうも、お金を使わずに資金をためる方向に行っているので、どこかがお金を使わざるをえないのです。それは、やはり、政府が使うべきだと思いますし、その資金は、税金からではなく、日銀がお金を出してまかなうべきだと思います。

白川守護霊　君ね、ゼロ金利でもそうとうな放漫《ほうまん》だよ。その上、さらに、「量をもっと出せ」と言ってるんだろう？

立木　そうです。もっと量的緩和をすればいいんですよ。

白川守護霊　君ねえ、それはもう完璧《かんぺき》なメタボだよ。

立木　結果としてデフレが続いているわけですから、日銀がメタボだろうとスリムだろうと関係ありません。日本経済がどうなっていくかということが重要なのです。

日銀は基本的に「デフレが好き」

白川守護霊　でもね、私たちは、デフレが基本的に好きなのよ。デフレだったら、それは「インフレを抑《おさ》え込んだ」ということであって、私たちの力が強いということだからね。

立木　ただ、そのデフレのなかで、日本人の平均所得はどんどん右肩下《みぎかた》がりになっていま す。他の先進諸国を見ても、こういう経済状態というのは日本だけなんですよ。

白川守護霊　まあ、でも……。

立木　デフレを放置しているために、国民の収入が減り、経済が活性化しないということは明らかですよ。

白川守護霊　いやあ、そうは言っても、君ねえ、日本政府の予算は、今度、九十何兆円で、百兆円近くまで来たかもしれないけども、いわゆる税収は四十兆円ぐらいしかなくて、あとの四十何兆円は、だいたい国債《こくさい》だよな。

それで、国債の元利払《がんりばら》いが、実は、予算のなかに二十兆円は入ってる。つまり、税収の半分は、もう国債の元利払いに使われてるわけよ。だから、これ以上、この額を増やすわけにはいかんのよ。

それを増やさないためにはどうするかということだけど、やっぱり、デフレがいちばんいいんだ。インフレになったら、いろんなものが上がってくるから、実は困るんだよ。金利が上がってきたら、ちょっとまずいわけよ。

立木　しかし、それに応じて景気もよくなり、税収も上がるはずです。

白川守護霊　そうならいいんだけど、政府の二十兆円の元利払いが、もし、二十五兆円とか三十兆円とかになったら、君、どうするの？

立木　いやいや、国債の利払いというのは、金利が固定されているので、その点では、市場金利が上昇しても、それほど感応しないわけですよ。

それよりも、景気がよくなって税収が上がる効果のほうが先行するわけですから、それは杞憂《きゆう》というか、言い訳にすぎないと思います。

白川守護霊　うーん、まあ、そうだけど、どちらかというと、とにかく不健全なものを削《けず》り取っていくことが大事なんだ。私の考え方は、ほとんど医学部と一緒《いっしょ》なのよ。だから、そういう〝メタボの脂肪《しぼう》〟を削り取っていくことが大事なので……。

立木　その結果として、国民の富もどんどん削られていっているわけですよね。
白川守護霊　まあ、それでも、健全になればいいじゃないですか。
立木　いや、それは日銀だけが健全なのであって、日本経済は健全ではありません。
白川守護霊　君だって、今は体が細いから遊説《ゆうぜい》して回れるのであって、もしメタボになったら、もう、ハアハア、ゼイゼイして動けなくなるんだからさあ。
立木　その比喩《ひゆ》は、まったく正しくないと思います。

「お金は一種の麻薬《まやく》」なのか

綾織　今の日本経済は、もう貧血の状態であり、血が回らなくて、ふらふらになっていますよね。
白川守護霊　いや、私は、その「貧血」っていう言葉の意味が、もうひとつ分からんなあ。

綾織　お金は経済における血液ですが、今は、その血流が少なくなってしまっているわけです。

白川守護霊　信用の創造なんていうのは、別に銀行だけがやるものじゃなくて、民間でもやったらいいんだ。お互《たが》いに信用を与《あた》え合えばいいわけだから、民間でもつくれるんだよ。

だから、彼らだって金融《きんゆう》機関の機能を持ってるわけよ。手形の発行権があるわけなんだから、手形を切りながら仲良しのところと商売をやったらいいんだ。そうしたら、商売が大きくなるじゃない。

綾織　それは、現状の認識に問題があります。確かに、高度成長をしているときなら、それでいいと思いますけれども。

白川守護霊　日銀はおカネを刷らずに、民間の企業が手形を出して、経済を大きくしたらいいよ。

立木　今はデフレですから、みな、借金を減らそうとして一生懸命《いっしょうけんめい》なわけですよ。そういうなかで手形は……。

白川守護霊　だから、そんなときにカネを出したりしたらいかんでしょう。

立木　そういう状況のなかで、お金の流通量を増やすためには、やはり、日銀がきちんと仕事をしなければいけないわけです。

白川守護霊　君ね、カネっていうのは一種の麻薬《まやく》なんだよ。みんなが、一生懸命、借金を返そうとしているときに、カネをドバーッと出したらどうなるかというと、せっかく返そうと思っていたのに、また誘惑《ゆうわく》されて借りてしまい、借金が雪だるま式に膨《ふく》れていくんだ。

麻薬患者《かんじゃ》やアヘン患者と一緒で、もうやめられなくなるんだよな。だから、カネを与えないことが大事なんだよ。

綾織　今は、緊急《きんきゅう》事態なので、そういう緊急施策《しさく》が必要だと思います。

白川守護霊　いや、緊急事態といったって、もう二十年以上続いてるんだから、これは緊急事態じゃないよ。これが普通《ふつう》なんだよ。

立木　日銀が無策だから続いているんですよ。

綾織　日銀がお金を刷ってこなかったから、ずっと続いているだけであって……。

白川守護霊　そんなことは三重野さんに言ってくれ。三重野さんが、潰すのが好きだったんだから、しょうがないじゃない。会社をたくさん潰し、それから日本経済を潰し、財産を減らして、それで、「あっはっはっは」って喜んで、名総裁としてほめ上げられ、マスコミに持ち上げられたんだからさあ。それでいいんじゃない？

「バブル総裁」とは言われたくない

立木　それはもう過去の話です。そういう間違《まちが》った過去を正しい方向に……。

白川守護霊　私は「バブル総裁」とは言われたくないもん。

立木　いや、そう言われたほうがよろしいと思います。

白川守護霊　それだと、日銀の歴史のなかで、私は汚点として記録されるからさあ。

立木　その日銀の歴史自体、やはり、認識が間違っているのではないですか。要するに、自己保身だけでしょう?

白川守護霊　私たちの世代は、危機の経営や金融の舵取《かじと》りなんて知らないわけよ。そんなことは分からないのよ。

綾織　日銀の過去の総裁のなかで、名総裁といえば、やはり高橋是清《たかはしこれきよ》さんですが。

白川守護霊　あんなのは、戦前の人だからさ。全然……。

綾織　いやいや、状況としては、あの時代とほぼ同じだと思います。

白川守護霊　今とは、もう額が違うからさあ。あんなのは、ほんのちょっとした額じゃないか。

綾織　高橋是清さんのようなやり方をとれば、名総裁として名前が遺《のこ》りますよ。

白川守護霊　いや、日銀は、あくまでも「御殿女中《ごてんじょちゅう》」であって、それ以上のことをしてはいけない。命じられたことは嫌々《いやいや》しますけどもね。

もし、どうしてもやりたかったらねえ、昔、山一證券《やまいちしょうけん》が最初に潰れかけたときに、蔵相《ぞうしょう》だった田中角栄《たなかかくえい》さんが日銀特融で救ったようにだね、やっぱり、選挙で選ばれた人が責任を取って、「日銀特融[注3]で救済します」みたいな感じで、自分のクビを賭《か》け、引退を賭けてやるべきであって、日銀総裁が、そんなことをするべきじゃないんだ。

総理大臣に強制されたら、日銀総裁だってしかたがないから、まあ、そのとおりにやっちゃいますけどもね。その程度の強制力をかけてきたらやりますが、政府のほうがやりたくないのに、日銀のほうが先に「やりたい」って言ったら、完全に日銀の責任になるじゃないか。

［注3］日銀特融とは、日本銀行が金融システムの信用維持《いじ》を目的として、政府からの要請《ようせい》に基《もと》づき、資金不足に陥《おちい》った金融機関に対し無担保・無制限に行う特別融資のこと。戦後の日本では、一九六五年の証券不況の際、山一證券に対して、初めて行われた。

4　なぜ日銀は通貨量を増やさないのか

日銀総裁の給料を総理より下にした民意を「私は許せない」

綾織　先ほど、あなたは「フリードマンを超《こ》えた」という話をされていましたね。

白川守護霊　うん。まあ、私は超えたよ。認識力が超えた。

綾織　あなたは、日本が貧しかった時代の日銀のやり方を、単にそのままやっているだけであって、考え方がものすごく古いですよね。時代遅《おく》れではありませんか。

白川守護霊　（舌打ち）いや、でもねえ、私は民主主義が嫌《きら》いなのよ、ほんとは。みんなが、ギャーギャー言ってさあ、「景気がこんなに悪くなった」とか言って、日銀総裁の給料までカットして下げたからな。「総理大臣より日銀総裁の年収が多いのは、おかしい」と称《しょう》してさあ。

立木　そうですね、昔は五千万円ぐらいでしたね。

白川守護霊　総理大臣が三千八百万円か、四千万円ぐらいだったときに、日銀総裁が五千万円ぐらいあったから、「これはおかしい」とか言って、三千万円台まで削《けず》られた。これだったら、もう働く気はなくなるよね。

立木　もともと働く気がないではありませんか。まったく仕事をしていないんですから。

白川守護霊　カネを出さずに絞《しぼ》ってね、みんなが日銀の前に並んで「お願いします」って頭を下げるところまで締《し》め上げないとね。私の給料を減らしておいて、何を言ってるんだ。

立木　給料を減らされたから、お金を出さないわけですか。

白川守護霊　給料を上げてくれたら、ちょっとはカネも供給するよ。だけど、こっちを削っておいて……。

立木　それは逆ではないですか。きちんといい仕事をして、それで給料が上がるのなら分かりますが。

白川守護霊　日銀への嫉妬《しっと》が集まりすぎたよな。

立木　いや、日銀のそういう失敗があったにもかかわらず、逆に、日銀の独立性を確保するという方向に動いていきましたよね。

白川守護霊　「日銀総裁は総理大臣より偉《えら》い」っていうことが、歴史的に、給料によって証明されてたんだよ。それを、「総理より下」ということにしようとした民意を、私は許せないって言ってるんだ。

綾織　日本の景気がもっとよくなれば、また日銀総裁の給料も上がりますよ。

白川守護霊　だから、事実上、日銀には景気についての責任はないんだよ。責任があるのは政府なんだ。任命責任も政府にあるんだからさ。

今の円高は、「日銀総裁個人に対する世界的な信頼《しんらい》の表れ」？

立木　では、あなたは何に対して責任を負っているのですか。

白川守護霊　え？　責任？

立木　ええ。

白川守護霊　だから、日銀が潰《つぶ》れないようにしてる。

立木　（苦笑）

白川守護霊　中央銀行として、潰れないようにしてる。潰れたら格好が悪いからね。うん。それは頑張《がんば》ってるよ。

戦艦大和《せんかんやまと》だって、最後まで沈《しず》まないように頑張ってたわけだからね。

立木　でも、日銀は潰れないですよ。

白川守護霊　潰れないように頑張ってるんだ。

立木　いえ、積極的にやっても潰れたりしませんから。

白川守護霊　いや、分からないよ。潰れるかもしれない。潰れるところもあるからさあ。今、ヨーロッパでは「中央銀行の破綻《はたん》がありうるかもしれない」って心配されてるぐらいだからね。

もしかして、いっぱいカネを出しまくったら、銀行が全部ぶっ潰れて、企業《きぎょう》もぶっ潰れて、連鎖《れんさ》して中央銀行まで潰れるかもしれない。もう、本当に信用されてないよ、はっきり言って。

ドイツの中央銀行なんか、もう、私と同じ心境だよ。他の国から、「カネをくれ、カネをくれ」と言われるけど、戻《もど》ってこないカネをいっぱい出してたら、最後は自分たちがやられるんじゃないかと思っている。

立木　でも、中央銀行には通貨発行権があるわけですから、その部分で生きながらえることができるのではないですか。

白川守護霊　そのためには、通貨の信認が大事なんだ。国民が日銀券を信用しなくなったら、もう終わりだからね。「日銀は頑張ってるなあ」と思われないと……。

綾織　今は円高ですが、それはやはり、他の国から見て、日本の円が欲しいわけです。つまり、「日本の円がいちばん信用できる」と思っているわけですよね。

白川守護霊　あれはおかしいなあ。みんな狂《くる》ってるんじゃないかなあ。

綾織　いや、狂ってはいません。

白川守護霊　あの「三・一一」の大震災《だいしんさい》でさ、戦争でやられたぐらいのダメージを受けたから、「これから日本には復興景気が起きる」と思って、みんな円を欲しがっているんだよ。

綾織　ドルも下落していますし、当然、ユーロも危機ですし、「最後は、やはり円しかない」という判断をしているわけですよ。そのなかにあって、日銀がお金を刷らないから、どんどん円高が進んでいくわけです。

白川守護霊　最後は円しかないかなあ。いや、それはやっぱり、私個人へのものすごい信頼《しんらい》が世界的にあるんじゃないかな。(「日経ヴェリタス」の記事を指して)ここに書いてあるじゃない。アメリカのクルーグマン教授が、「日本に謝罪したい」と言ってるじゃないの。ねえ?

企業《きぎょう》が無借金経営をやれば、「もう銀行なんか要《い》らない」

立木　しかし、その反対に、ＦＲＢ議長のバーナンキさんは、以前、「国債《こくさい》の日銀引き受けと、減税をすべきだ」ということを言っています。

白川守護霊　あれは、バーナンキじゃなかったっけかな? リーマン・ショックを「百年に一度の危機だ」とか言ってたのは……。

立木　それはグリーンスパンです。

白川守護霊　ああ、グリーンスパンか。あれはグリーンスパンなのね。バブルだな、あの男は。

立木　いやいや、バーナンキさんが頑張っているから、今、アメリカは、デフレにならずに持ちこたえているわけですよ。

白川守護霊　今の不況《ふきょう》の責任は、すべてリーマン・ショックにあって、アメリカ発なんだよ。だから、日本が悪いわけじゃないんだよ。

立木　いや、その前に、日本も景気が悪くなっていました。日銀が量的緩和《かんわ》をやめて、金利を引き上げたため、その後、半年か一年ぐらいして株価が下がっていったのです。

白川守護霊　君、だからねえ、「おカネの流通量の調整だけで経済を動かせる」と思う、そのフリードマンの思想は、やっぱり間違《まちが》いだよ。私は、こういう官僚《かんりょう》機関のトップに立って、それがよく分かったよ。

立木　私も、お金の流通量だけですべてを動かせるとは思いませんが、ただ、金融《きんゆう》政策の部分については、今、日銀が独占《どくせん》しているわけですから、日銀が動かなければ金融緩和はできないわけですよね。

白川守護霊　いやあ、それはもう、君らも言っているんだろう？　だから、「無借金経営」をやればいいわけよ。借金なんかしないで黒字企業《きぎょう》をつくるというのが、日本の大事なポリシーなんだ。

立木　銀行の親玉である日銀が、そんなことを言ったらまずいのではないですか。

白川守護霊　もう銀行なんか要《い》らないんだよ。

立木　（苦笑）

白川守護霊　だからねえ、銀行が要るのは、もう戦後の荒廃《こうはい》期の、焼け野原になったときだよ。そういうときには、誰《だれ》も何も持ってないから、カネをいっぱい出して、「これで商売を始めなさい。そして、会社が大きくなったら返しなさい」ということをするけど……。

綾織　今は、その焼け野原の状態に近いと思います。

白川守護霊　そんなことはないよ。

立木　今、お金がいっぱいあって、資産がいっぱいたまっているわけですから、「そのお金を金融機関がきちんと融通《ゆうずう》して、必要なところに回す」という機能が要るわけですよ。

白川守護霊　いや、私が考えてるのは、もうほとんど、「銀行を倒産《とうさん》させないように」ということだ。このへんのところは、まあ、いちおう考えてるよ。

銀行が潰れたら最後だからね。銀行を潰さないようにしてる。銀行はアホだから、「カネを貸してくれ」と、いっぱい言ってこられたら出しちゃうので、出させないように守ってるわけよ。

立木　そのように、お金を絞りすぎているために、お金が十分に回っていかないんですよ。

白川守護霊　鬼《おに》おやじがいなきゃ、やっぱり駄目《だめ》なんだよ。

立木　いやいや、それは違います。

白川守護霊　君らみたいに、ザルみたいな甘《あま》い人間ばっかりいたら、日本は駄目になっちゃうよ。砂糖菓子《がし》で、虫歯だらけになっちゃう。

「インフレ目標政策」は〝麻薬《まやく》〟を打つのと同じ？

立木　ところで、「インフレ目標政策」というものがありますが、それについてはどう思われますか。

白川守護霊　嫌いです。これは駄目です。これはもう麻薬《まやく》だ。ＬＳＤか何かの麻薬ですわ。

立木　でも、世界の他の先進国では実施《じっし》されていますよ。

白川守護霊　それをやってるのは、みな、麻薬をやってる国ばかりじゃないか。麻薬は駄目ですよ。

立木　いや、それで、日本よりも経済パフォーマンスがいいわけです。

白川守護霊　いやいや、やっぱりね、実際に稼《かせ》いだカネで大きくなりなさい。「〝麻薬〟を打って大きくする」っていうのは、やはり、よくないですよ。いい気持ちになって、ハイな気分になるんでしょう？　駄目だよ、そんなのは。

立木　いいえ。インフレ目標をつくることで、人々のインフレ期待に働きかけ、それで実際に経済が動き始めるのです。

白川守護霊　とにかく、日銀総裁の収入を五千万円台から三千万円台に下げた罪が拭《ぬぐ》われるまでは、私は、みんなの給料が上がらず、下がるような方向へ誘導《ゆうどう》する！

綾織　それは、自分の恨《うら》み心から、国民の所得を減らしていくということですね。

白川守護霊　要するに、天は「正しい評価」を下《くだ》さなきゃいかんのだよ。私の職業は、何と言うか、言ってみれば、閻魔《えんま》大王の親分のようなものだからね。

綾織　あなたは今、日本のことばかりおっしゃっていますが、実際には、アメリカも財政危機ですし、ＥＵも緊縮《きんしゅく》財政に入っているわけなので、お金を使えるところは、やはり、日本ぐらいしかなくなってきています。

そのためにも、「日本が国債をどれだけ発行できるか」ということが重要になるわけですが、要するに、今の日銀は、日本に対する役割だけではなく、世界に対する役割も担《にな》っていると思うのです。日本がこれだけの大国になった以上、世界経済に対する責任というものも、やはり考えなければいけないと思うのですが、日銀が国内の銀行のことだけを考えているというのは、関心領域があまりに狭《せま》いのではないでしょうか。

白川守護霊　だけど、ギリシャやイタリアみたいに、国債の金利が、七パーセントとか、八パーセントとか、それ以上に上がってきたら、やっぱり失敗したということがすぐに分かるからね。そういうふうにならないように、頑張って優等生《ゆうとうせい》を続けてるんじゃないか。

綾織　いや、これだけ国債の金利が低いということは、「どんどん国債を発行しても構わない状態だ」という意味だと思うんですよ。

白川守護霊　たくさん国債を発行して金利が上がると、みな、国債を買い始める。そうすると、政府が、また無駄な投資をいっぱいし始めるから、やはり、国債はあまり発行しないほうがいいいんじゃないかなあ。

一本のマグロに何千万円もの値《ね》がつくのは、「お金が余っている証拠《しょうこ》」

綾織　そうなると、結局、仕事がなくなっていって、国民が貧しくなります。

立木　今のままで放っておくと、結局、日本の景気はよくならず、税収も上がらず、どんどん債務が増えていって、本当に日本政府が倒産し、日銀も倒産するという流れになりますよ。

白川守護霊　いやいや、デフレ下の発展があるわけよ。だから、カネは流通しないけど、無借金経営で、どんどん発展していけるんだ。

立木　デフレ下の発展と言いながら、今まで、ずっと停滞《ていたい》しているわけですよ。

白川守護霊　物々交換《こうかん》でもいいんだよ。

綾織　（苦笑）物々交換ですか。

立木　それは、もう日銀の機能を否定していますよね。通貨の機能を否定しているわけですから。

白川守護霊　だいたいね、海で泳いでいるマグロなんか釣《つ》ったってさ、そんなものはタダじゃないか。それが、一本、一千万円や二千万円あるいは五千万円以上で売れるなんていうのは、こんなの、めちゃくちゃなバブル経済だよな。

立木　あなたは、そもそも、経済の付加価値というものが分かっていないのではありませんか。

白川守護霊　え？　だけど、海で泳いでるものを釣って帰って、なんでそれが一千万円単位になるわけ？　おかしいじゃないか。

立木　そこには、それに見合うだけの努力があるわけです。

白川守護霊　それは、カネが余りすぎてる証拠《しょうこ》だよな。カネがなければ、十万円ぐらいまで落ちてくるんだよ。

立木　いいえ、さまざまな努力があって、それを評価する人がいるから、そういう値段がつくわけですよ。

綾織　国民がマグロを食べるのも駄目ですか。それはバブルなのですか。

白川守護霊　私だって、銀座の寿司屋《すしや》で、高級トロなんか、なかなか食べられる身分じゃないんだよ。分かってるのか。

綾織　トロを食べるのも、贅沢《ぜいたく》であり、バブルなんですね。

白川守護霊　うーん、まあ、いいよ。とにかく、今、「国債の残高が多くて、借金財政になっているのが悪い」と言ってるのはマスコミであってね、それで、今、増税のところをやってるのは政府であって、日銀が増税をかけてるわけでも何でもない。私の責任じゃないんだよ。

立木　だけど、日銀は、ずっとお金を絞っているわけですよね。

白川守護霊　日銀は金庫番だし、通貨の番人だからさあ、通貨が信用をなくさないようにだけ頑張ってるわけだよ。

綾織　過去の日銀総裁のなかで、あなたがモデルとするような方はいらっしゃいますか。

白川守護霊　うーん、まあ、この時代、二十一世紀をリードできる日銀総裁は、明治以降を見ても一人もいないだろうね。だから、私が初めての難局に当たってるわけだよ。うん。

立木　やるべきことをやってくれていたらよいのですが、やるべきこともやらずに、単に居直っているだけでは、あまりにもひどいです。

白川守護霊　日銀のやることはね、「イエスか、ノーか」しかないんだよ、ほんとは。五十パーセントの確率なんだけど、五十パーセントということは、負ける率も半分あるということだからね。だから、何もしなければ、勝ちも負けもないんだよ。

日本は「世界最強の軍隊」を持つアメリカとは違う

立木　今、日銀は、ある程度の量的緩和で、いちおう資産の買い入れなども行っています。ただ、それを見ていても、最初は五兆円から始まって、十兆円にし、十五兆円にするというように、「何もやっていないわけではない」という言い訳として行っているようですが、実際の効果は、ほとんど出ていません。

そのへんについては、どう思われるのでしょうか。アメリカのように、バーンと五十兆円規模でお金を出すということはできないのでしょうか。やはり、勇気がないのですか。

白川守護霊　アメリカと日本とは、違うんだよ。アメリカは、軍事予算だけで、日本の国家予算ぐらいの額を持っているわけだよ。国家予算じゃないかな？　税収分ぐらいかな？（注。実際は日本の一般歳出《いっぱんさいしゅつ》と同程度）そのぐらいは軍事予算で使ってるんだから、あんな国と一緒《いっしょ》にはいかないんだよ。

アメリカは世界最強の軍隊を持ってるからさあ、国家が破産したって、最後は、よその国をぶん取ってしまえば、どうってことはないんだよ。そういう最終手段を持ってるからね。

立木　ただ、今は、その軍事費のほうも、累積債務《るいせきさい》の問題で縮小しなければならないという話になっています。ですから、最強の軍隊があるからというだけで、「日本とは別だ」ということにはならないと思います。

白川守護霊　まあ、アメリカが最後にどうするかは、もう分かってる。軍事力を持ってる国が経済的に破綻したらね、最後は、海賊《かいぞく》に変わるんだよ。海賊に変わって、金目のものを持ってる国を占領すればいいわけであってね。

だから、貴金属がよく出るところは気をつけなきゃいけないよ。ミャンマーにヒラリー・クリントンが行っているけど、あのあたりは宝石が出るらしいじゃないか。それを狙《ねら》ってるんじゃないのかな？　軍事的に占領してしまったら、タダで持っていけるから、狙ってるのかもしれない。

立木　現在の経済のレベルは、もう、そういう略奪《りゃくだつ》経済のレベルではありません。ご存じのように、国際経済が発達し、金融経済が発達しているわけですから、そういうことはありえないと思います。

白川守護霊　少なくともだね、君が、「国債の日銀引き受けを二十兆円すれば、需給《じゅきゅう》ギャップが埋《う》まって、それでうまく経済が回り始めて、増税は要らなくなる」とか、麻薬みたいなことばっかり言いふらすからさあ……。

立木　いいえ、麻薬ではありません。デフレに対しては、そのようにすべきではないですか。

白川守護霊　こんなね、政党として認められないようなところの党首が、そういう麻薬みたいな話をばら撒《ま》くから、ほんとに困ってるんだよ。どうにかしてくれよ。

立木　いやいや、その「麻薬だ」という認識が間違っています。

白川守護霊　麻薬ですよ。

どうしたら景気がよくなるか、「私たちには分からない」

立木　経済が拡大すること自体は、やはり、喜ばなければいけないですよ。

白川守護霊　小泉《こいずみ》さんのときは、緩《ゆる》やかな好景気だったんでしょう？

立木　あのときも、デフレでした。

白川守護霊　その戦後最長の好景気を潰したのは民意ですよ。

立木　いや、あのときに潰したのは日銀ではありませんか。

白川守護霊　民意だよ。

立木　いや、あれは日銀ですよ！

白川守護霊　民意としては、要するに、「好景気が続く」っていうことは怖《こわ》いんだよね。「またバブルになって、それが崩壊《ほうかい》し、また一文無《いちもんな》しになり、貧乏《びんぼう》になる」っていうのが怖いんだよ。
つまり、上げられて落とされるのは嫌《いや》だろうから、「最初から上げないので、ずっと地べたを歩きなさい」というのが、私たちの考えだな。
立木　あれは民意ではなく、日銀がいきなり量的緩和をやめて、「金利を上げる」ということを決めたんですよ。
白川守護霊　うーん、それはそうだけど……。
立木　そうですよね。だから、民意ではないではありませんか。あれは日銀の判断ですよ。日銀の判断で景気を悪くしているわけです。
白川守護霊　でも、「こんなに続くはずのない好景気が続いているのは怖い」という判断をしたのは、マスコミであり、国民だよ。
立木　ただ、やはり、日銀としての判断はあるわけですよ。
白川守護霊　私は、〝民《たみ》の声〟を聞いただけよ。ただそれだけのことで、まあ、かすかにやれることをやっただけであってね。

立木　いやいや。

白川守護霊　私たちはねえ、「どうやったら景気がよくなるか」なんて、分からないんだよ、ほんとは。

立木　それが大問題なんですよ。

白川守護霊　だから、フリードマン先生はさあ、「たくさんおカネを刷ったら、人工インフレが起きて、景気がよくなる」とか言ったけど、インフレにしたら、また怒《おこ》られるしさあ。

立木　インフレになればなったで、きちんと調整していけばいいことですよ。今まで、インフレファイターとして、さんざん景気を冷え込《こ》ませてきたわけですから。

白川守護霊　私は、何をやれば企業が大きくなるのか、よく分からないのよ、ほんとは。

立木　先ほど、あなたは、民間を少しバカにしたような感じでしたが、その民間のことを知らないために、日銀がそのようになっているのではないでしょうか。

白川守護霊　民間とは立場が違うでしょう。私らは、まあ、「宮中《きゅうちゅう》の者」だからさ。「お公家《くげ》さん」なんですからね。

「民《たみ》は貧しくなければいけないもの」なのか

綾織　ほう。では、あなたは過去、日本に生まれたことはありますか。

白川守護霊　君ねえ、すぐに宗教家になるんじゃないよ。せっかく経済の話をしてるんだからさあ。

綾織　いえいえ、私たちは宗教家ですから。

立木　やはり、お公家さんとして生まれていらっしゃったのですか。

白川守護霊　だから、「御殿女中《ごてんじょちゅう》」だって何回も言ってるだろうが。分からないのか。

立木　ああ、では女性だったのですか。

白川守護霊　あ？　いやいや、それは、どうでもいいことだよ。そんなもの、活字にはしたくない。

綾織　平安時代ですか。

白川守護霊　いや、どうでもいいよ。とにかく、贅沢な暮らしは知っているけれども、民《たみ》はいつも貧しいものなんだよ。

綾織　ほう。

白川守護霊　民《たみ》は貧しくなければいけないんだよ。

立木　「民《たみ》は貧しくなければいけない」という言葉に、あなたの本質がありますね。要するに、日銀は豊かな安全地帯にいて、民は貧しくてもいいわけですから、デフレで国民が苦しんでいても、全然、平気だということですね。

白川守護霊　日銀は、給料が高いからいい人材が集まってたんだよ。だけど、給料をカットし始めたからな。

（司会に）まあ、あなたがいい人材かどうかは知らないけど、日銀を辞《や》めて宗教に来るなんて、そんなのは、もう狂ってるよ。こういう人が出ると、日銀の信認が失われるんだよ。だから、そういうことはあってはならないので、給料を上げなくてはいけない。

立木　でも、今の日銀の仕事そのものが、やはり駄目ですよ。

白川守護霊　給料をもっと上げなきゃいけない。

立木　（苦笑）いやいやいや。仕事が悪いのに給料が上がるというのは、間違っています。

白川守護霊　とにかく、今の世界の中央銀行総裁のなかで、いちばん信頼されてるのが私だからな。

立木　いや、そんなことはないと思います。

綾織　日銀は世界に対する責任を果たしていません。

白川守護霊　この乱気流時代のなかで国を安定させている、この中央銀行総裁の力量っていうのはすごいんだよ。

綾織　いやいや、世界は円を求めているわけですから、やはり、流動性はもっと出さなければいけませんよね。

白川守護霊　いや、世界は円を求めてるんじゃなくて、震災の復興景気、ゼネコン景気が起きるんじゃないかと思って、投資をかけてきてるわけよ。

綾織　そうではなくて、やはり、「日本のものづくりが、世界にとって不可欠である」という認識が生まれたのだと思いますよ。

白川守護霊　うーん。まあ、よく分からんなあ。

5　はたして「日本の経済成長」は可能なのか

「総理大臣も財務大臣も芸能人だ」と認識している

白川守護霊　（司会に）あんた、何か言いたいことあるかい？　援護《えんご》してくれ。

司会　（苦笑）先ほどからお話を聴《き》いていると、「日銀には責任がない」ということばかりおっしゃっていて、「結局、何がしたくて、日銀総裁という立場におられるのか」ということがよく分かりませんでした。また、私が日銀に入行したとき、同期の人たちも含《ふく》めて、みな、「日本や世界の発展に貢献《こうけん》したい」という夢を持っていたのに、日銀総裁であるあなたのお考えが、「ただ単に上に立ちたい」というものでしかないというのは……。

白川守護霊　日銀はそういうところだよ。ただただ、上に立ちたい。そのとおりだよ。

司会　実際そうなのかもしれませんが、すごく残念に思います。

白川守護霊　うーん。

司会　実際、日銀に入行して働いていたとき、お金に触《さわ》る機会がたくさんありました。そのとき、私は、「お金と言っても、人が紙切れ一枚を『一万円』と認めることによって、目に見えない『信用』が生じているにすぎない。その意味では、目に見えるものだけではなく、目に見えないものが、日本を回り、世界を回って、経済が動いているんだな」と思ったのですが、日銀総裁は、お金に対して、どのように考えていらっしゃいますか。

白川守護霊　君ねえ、多少は一万円札を見たことがあるんだろうから言うけどさあ、刷るコストは二十円弱なんだよな。だいたい二十円。二十円のものを一万円に見せてるんだ。だから、九千九百八十円分は、日銀総裁の信用によって生まれた付加価値なんだよ。分かる？

立木　いや、それは違《ちが》います。国民の勤勉さや努力の成果が、今の日本経済の繁栄《はんえい》を支えていることを考えれば、通貨の信用とは、結局、国民経済全体の力だと思います。

白川守護霊　だからさあ、元は「兌換紙幣《だかんしへい》」と言って、銀本位制なら、例えば、一万円札を持ってきた人には、一万円分の銀を出さなきゃいけない。金本位制なら、一万円分の金《きん》を出さなきゃいけない。つまり、もともとは、金や銀を蓄《たくわ》えていることが信用になって、紙幣を出せたわけだ。だから、銀行って言うんでしょう？　銀を持っていたからね。

ところが、世界の金には限りがある。銀だって日本からそうとう流出した。金や銀がなくなったら、交換できないよね。だけど、今は、「不換紙幣」であり、一方的に、「金や銀に換《か》えないけれども信用しろ」って言うペーパーマネーの時代になってる。

さらに、ペーパーマネーだけじゃなくて、一部、電子マネーになっていて、数字だけがコンピュータの上で動いてる。例えば、実際のマネーはありもしないのに、送金したことになってるとか、そういう電子決済になってる。だから、実はペーパーマネーの時代も終わって、今、電子マネーの時代に入ってるんだ。

要するに、信用を守ることが、銀行のすべてなんだよ。だから、甘《あま》い気持ちでね、

「はい、そうですか」と言って、バッバッバッとカネを出すのは、間違いなんだ。頑《がん》固《こ》おやじでなければ、信用は守れない。

立木　いやいや、日銀の資産の大部分は国債《こくさい》だと思いますが、政府が発行している国債が信用されているのは、最終的には、日本の経済がしっかりしているからです。

白川守護霊　いや、実際に引き受けてはいるし、俺《おれ》も「国債を」って言ってるけども、まあ、結局、日本国民は、「日銀が潰《つぶ》れることはあるまい」と信じているか、信じさせられているかは知らんが、そう信じているために、全国債の九十五パーセントも買っているわけだ。

立木　いやいや、国債の場合、日銀というよりも、政府のほうがもとですから。

白川守護霊　政府は信用されてないよ。それはもう、批判にさらされてるからね。

立木　しかし、国債への信用度は高いです。

白川守護霊　日銀が信用されてるわけよ。何もしないから。

立木　（苦笑）

白川守護霊　政府は動くから、信用されないんだ。批判ばかり受けるので、なるべく表に出ないほうがいい。

（「日経ヴェリタス」を指しながら）このように、「年初から巻頭へ出てくる」っていうのは、日銀総裁としては、もう本当に、十年に一回ぐらいのリスクを踏《ふ》んでるわけですよ。

立木　本当は、「日銀も頑張るから、国民のみなさんも頑張りましょう」と呼び掛《か》けるべきではないですか。

白川守護霊　そんなことを言ったら、総理大臣とか財務大臣とかに悪いじゃないか。あんな素人《しろうと》がやってるのを、「かわいそうだな」と思って見てるんだから。

立木　首相や財務大臣を支えるのは、あなたの仕事ではないですか。

白川守護霊　素人がやってるのは分かるから、私たちは、もう、「総理大臣も財務大臣も芸能人なんだ」と認識している。人前でヘラヘラ言って動いてるだけだからね。
われらプロフェッショナルは、姿を隠《かく》して、裏でちゃんと舵取《かじと》りをする。これが大事なことだ。黒子《くろこ》は本当は出るべきじゃないんだけど、私が出なければ、何も分からないような時代になったから、しかたなく出てるんだよ。

人口減により、「日本の経済規模は、二、三割減っていい」

綾織　あなたは、日本経済を、最終的に、どういう方向に持っていこうとお考えですか。先ほどおっしゃっていたように、やはり、あなたがた〝宮中《きゅうちゅう》〟だけは豊かで……。

白川守護霊　あのねえ、さっきもちょっと言ったけど、要するに、人口が減っていくんだろう？　すでに去年あたりから減り始めたんだが、結局、「人口が減っていく」ということは、「経済が縮小する」ということなんだよ。だから、デフレと言ったって、「人口が減っている」ということなんだよ。ただ、それだけのことなんだ。しかたないんだよ。

綾織　つまり、「日本は、もう衰退《すいたい》していくしかないので、お金もそんなに刷らなくていいし、経済規模も小さくなっていい」ということですか。

白川守護霊　だから、一億三千万が、一億になり、八千万になっていく。戦争中は、「一億玉砕《ぎょくさい》」などと言っても、実際は八千万だったわけだし、明治の始まる前の徳川時代は、ずっと三千万で続いていたんでしょう？　人口が三千万になるとしたら、経済の規模は四分の一まで縮小したって当然じゃないですか。

綾織　江戸《えど》時代まで戻《もど》ることをイメージしているわけですか。

白川守護霊　そうそう。だから、人口が三千万まで減ることを考えると、ＧＤＰその他も、少しずつ少しずつ減らしていかなきゃいけないわけよ。

立木　それは楽な発想ですねえ。「日銀は何もしなくていい」ということですか。

白川守護霊　人口が減ってるのは、しかたないよ。だって、女性が子供を産んでくれないんだからさあ。

立木　ただ、「一人当たりの生産性を上げて、ＧＤＰを増やす」という考え方もあるわけですから、それを追求しないと駄目《だめ》なのではないですか。

白川守護霊　いや、人口が減ってるのは、政府が間違えたんだ。

「男性を働かせて税金を払《はら》わせ、女性には自宅で主婦をやらせる」というのであれば、税金は人口の半分からしか取れない。だから、女性からも税金を取ろうとして、一九八六年に男女雇用《こよう》機会均等法をつくり、女性のキャリアを認めて男性と同じ扱《あつか》いにし、税金をちゃんと納めさせるようにした。

あの法律は、実は女性からも所得税を取るためにつくったんだけど、結局、女性が子供を産まなくなり、今度は人口が減り始め、トータルで見たら、財政赤字が膨《ふく》らんでいく方向になってしまった。

だから、政府が間違えたのであって、日銀は間違えていない。

綾織　少子化対策や人口増加政策をとることはできますので、単純に今のトレンドで人口が減っていくとは限らないですよね。

白川守護霊　少なくとも、今、一億二千数百万の人口が、一億になるところまでは、私の目には見えている。「経済規模は、二、三割減っていい」と考える。

立木　それは、日本の国民にとって、非常な苦しみを意味するので、やはり、やるべきことをやる必要があると思います。

白川守護霊　いや、それは、客観的に見てるから。

立木　見ているだけでは駄目ですよ。

白川守護霊　医者のような目で、経済診断《しんだん》をしてるんだ。

「不況《ふきょう》を起こせば年金問題は解決する」という発言の真意

立木　あなたは、日銀総裁として、日本経済に対して極《きわ》めて大きな影響力《えいきょうりょく》を持っておられるわけですから、それを正当に行使しないと駄目です。

白川守護霊　なんで日本経済を大きくしなきゃいかんわけよ。

立木　そうすれば、みな、豊かになっていくことができます。

白川守護霊　あのねえ、やっぱり、不況《ふきょう》は大事だよ。

立木　不況が大事……（苦笑）。

白川守護霊　うーん。不況は大事。不況にすると、役に立たない会社がたくさん潰れていくし、人口も減る。今、何？　寿命《じゅみょう》が延びて、男は八十、女は八十六か八十七まで生きるらしいけど、長生きしすぎとるのよ。だから、年金問題を解決するためには、もうちょっと早く死んでもらわなきゃいけないから、不況を起こして、経済状況を悪くしなきゃいけないんだよ。

立木　不況になると、余計、年金問題が解決しなくなります。

白川守護霊　不況になれば、長生きしたくなくなってくるから、年金問題は解決するんだよ。だから、「みんなが早く死ぬようにするためには、どうしたらいいか」というと、不況を起こすのが一番なんだ。好況を起こしたら、長生きするから、いけないんだよ。

立木　それは〝すごい〟発想です（苦笑）。

白川守護霊　私は、裏では、年金問題を解決しようと考えてるんだ。

立木　それは、あまりにも貧乏《びんぼう》くさい発想だと思います。

綾織　それでは、近代国家以前の姿に戻っていきますね。

白川守護霊　年金制度ができたころには、「会社を辞《や》めたら、だいたい五年以内には死んでくれる」という期待があり、その期待の下《もと》に、年金制度は発足《ほっそく》してるんであって、そんなに長く生きられたら困るんだ。

立木　日銀総裁の仕事と、年金の問題は別に関係ないはずですが。

白川守護霊　まあ、ないけどもね。能力が余ってるから、ちょっと、余計なことまで口出ししてしまって、申し訳ないけども。

立木　（苦笑）「能力が余っている」というのは、「本来の仕事をきちんとしていない」ということではないですか。

白川守護霊　とにかく、いまだにバブル経済ですよ。いまだにバブルなんですよ。

元を言えば、木《こ》の葉が金貨に化けたようなもので、二十円が一万円になってるんだ。「この信用を守る」っていうのは、ものすごく大変なことなんだよ。

立木　ただ、あなたの発想だと、信用がどんどん小さくなって縮んでいき、日本は本当に貧しくなると思います。

白川守護霊　だから、今、基本的には、「一億人国家」を考えてます。

ＥＵやアメリカを助ける考えも力もない

白川守護霊　（大川裕太に）何だい？

大川裕太　お話を聴いていると、「日本はもう経済成長しない」という考え方を一貫《いっかん》して持っておられるような気がするのですが。

白川守護霊　そりゃそうだよ。世界二位まで行ったら、行きすぎだよ。もっと下がっていかなくっちゃ。

大川裕太　その思想の淵源《えんげん》にあるものといいますか、「そういう思想が、どこから発生してきているのか」、あるいは、「今、天上界《てんじょうかい》で、どういう人の近くにいらっしゃるのか」ということについてお訊《き》きすることはできますか。

白川守護霊　うーん、何だか、よく分からんけども、君ねえ、とにかく国が発展して、中国みたいに人口が増え、ＧＤＰが増えていくと、拡張主義になって必ず戦争をするのよ。

だから、戦争をしないためには、衰退するのが一番なんだ。国力を衰退させとけば、戦争はしやしないんだよ。緩《ゆる》やかーに衰退させることが大事だね。

立木　「国が発展したら、必ず戦争をする」というのは、一種の決めつけです。日本が発展すればできることも、たくさんあるではないですか。

白川守護霊　いやあ、でも、絶対そうなる。人口が増えたら、よその国に資源と食料を取りにいく。

大川裕太　「市場経済や貿易が発展すると、しだいに平和をもたらす」という考え方の方向に歴史は動いてきていますよ。

白川守護霊　うーん、そういう考えもないわけじゃないけどね、まあ、それは自由貿易の考えだな。ただ、「自由貿易は、平和でないとうまくいかない。戦争ではうまくいかない」って言うけど、今は、自由貿易じゃなくて、ブロック経済に移行しようとしてるのよ。

大川裕太　それは、間違った人たちの考え方です。

白川守護霊　世界は、「仲間内だけよけりゃいい」っていう方向に行こうとしてるし、EUの問題だって、わしらには関係ないよ。本当は関係ない。勝手にくっついて不況を起こしてるけど、そんなの、自分らの責任だよ。

立木　それで、じゃあ、ＥＵを放っておけばよいかというと、ＥＵと貿易をしている日本の産業もあるわけですから、そうもいきません。

白川守護霊　だけど、そんなに力が……。

立木　世界はつながっているのです。

白川守護霊　「ＥＵまで支配しよう」というような野心を持っちゃいけないよ。

立木　いや、支配ではありません。「きちんと支援をして、助け合わないと駄目だ」ということです。

白川守護霊　やっぱり、分相応というのが……。

立木　ほかの国を助けるためにも、国内に富をつくらないといけないのです。

白川守護霊　日本は、地球七十億のなかの一億なんだから、本当は、七十分の一しか権利を持っちゃいけない。だから、そんな大きなことを思っちゃいけないんだ。

立木　今、地球の人口は増えていますが、貧しい人々も大勢いるので、そういう人たちを救うためにも、日本は頑張らないといけないのです。

白川守護霊　元を言やあ、日本が世界二位まで発展して、今は三位になったかもしれんけども、戦後、敗戦からここまで発展した理由は、アメリカが一方的に援助《えんじょ》してくれたからですよ。

そのアメリカが、今、壊《こわ》れて沈《しず》んでいこうとしてるんだから、日本の未来が暗いのは決まってるじゃない。

大川裕太　「援助しよう」という考え方はないのですか。

白川守護霊　どこを?

大川裕太　ＥＵとかアメリカとか。

白川守護霊　そんな力があるわけないでしょう。

綾織　やろうと思えばできます。

白川守護霊　日本国民を守るので精いっぱいですよ。そんな重い……。

立木　あなたの政策ミスによって、今、日本が大変な状況になってるんですよ。

白川守護霊　私は、まだ世界銀行の総裁になってないんだからさあ。

しかし、能力的には、世界銀行の総裁にならなきゃいけないね。

綾織　日本の中央銀行の総裁には、世界経済に対する責任もあると思います。

白川守護霊　いや、私の世代の人で、そこまで自信がある人はいないんだよ。私の世代の人たちは、もうちょっと厳しい時代を生きてきてるのでね。

立木　では、早く引退して、別の人に日銀総裁になってもらったほうがよいのではないですか。

白川守護霊　日銀総裁は、年寄りでなきゃいけないことになってるんだよ。そうしないと、官僚《かんりょう》が言うことをきかないからね。若い日銀総裁っていうのは、やる気がありすぎるから駄目なんだよ。やっぱり、枯《か》れてなきゃいけないんだ。

立木　いやいや、やる気のある人でないと駄目ですよ。

白川守護霊　官僚は六十を過ぎたらいなくなるから、日銀総裁は六十代後半から七十代がふさわしいんだよ。

立木　それは、日銀内部の「役所の論理」ですね。

日銀による国債《こくさい》引き受けは「補助金」なのか

大川裕太　あなたが言われるように、「これから国が衰退していくので、経済規模を縮小しなければいけない」という考え方もあるとは思いますが、過去の歴史を見ると、実際は順序が逆です。つまり、間違った政策によって経済規模を縮小させてしまうと、国は衰退に向かっていくのです。

要するに、あなたのような考え方の人がいるから、国は衰退するのであって、「経済規模を大きくしていこう」という考え方を持つ人たちがいて、そういう努力をしていけば、国は、どんどん発展していきます。

白川守護霊　君、高校生だけど、言うことが難しくて分からんなあ。まあ、例えば、君は高校に行ってるよな？　私立のA高校ってところに行ってるな？

大川裕太　はい。

白川守護霊　私立だけど、文部科学省から補助金が当然出てるはずですよ。文部科学省が組み敷《し》くためにね。こんな補助金は、本当は、要《い》らないおカネだよね。

大川裕太　はい。要りません。

白川守護霊　これを出してるために、財政赤字が起きてるんだけどね。本当のことを言えば、こういうことなんだよ。

要するに、Aという学校が、ほかの学校よりとても優《すぐ》れた教育をしていて、みんな押《お》せ押せで、五倍、十倍、二十倍と入りたい人がたくさんいたら、A高校の入学金や授業料は、ほかの学校の二倍あったって構わないわけですよ。ね？　経済原理から言やあ、そうでしょう？　二倍、三倍、取れるわけですよ。そうすると、儲《もう》かるわけです。そのような黒字経営ができると、高い給料を払えるから、もっといい先生を呼べるし、教材にいろいろな工夫をしたり、予備の先生まで入れて、生徒の学力に合わせた個別指導をしたり、よそよりも三倍ぐらいの人数の先生を使えたり、こういうサービスができるようになるわけね。これが普通《ふつう》の経済原理だよ。

ところが、今、この人たち（立木と綾織のこと）が言ってる〝悪いこと〟は何かというと、「A高校は、授業料の二割ぐらい、補助金をもらっとるのか。もうちょっと補助金をやったほうがいいな。いじめばかり起きて生徒が逃《に》げ出すような、最低のボロボロの学校と同じように、しっかり補助金を出してやらないと、いい学校にはならないから、全部、一律に出しましょうよ」と。

つまり、A高校は、独自で、いい学校になれるのに、「そういうことはしなくていい。都立の最低校と同じように補助金を出してやれば、平等になるし、A高校の先生たちも楽になるだろう。努力しなくても、無理しなくても、楽に運営ができるようになるだろう。だから、カネをしっかり出しなさい」と、こういうことを言ってるんだよ。

私は、そうじゃなくて、「A高校はA高校で頑張って、生徒やカネを集めなさい。政府はカネを出しちゃいけない」と言っている。

立木　それは曲解ですよ。

白川守護霊　え？　え？

立木　われわれは、民主党のように、「補助金をばら撒《ま》く」ということを言っているわけではありません。

白川守護霊　補助金だよ。「日銀に国債《こくさい》を引き受けさせて予算を組む」なんていうのは、補助金だ。

立木　いいえ。国債を日銀に引き受けさせることによって、政府は、お金を得て、それを必要なところに使っていくわけです。それは将来に対する投資です。

白川守護霊　政府には、何が必要かを判断できないんだ。それが分かってるから、カネを出さないのが一番なんだ。

立木　民間にはできない、最先端《さいせんたん》の交通インフラの整備などを行えばよいのです。

白川守護霊　判断できないんだよ。ダム一つ建てていいか悪いかが分からなくて、あんなに揺《ゆ》れてるんでしょう？　もう、カネを持たさないのが一番なんだよ。

立木　それは違います。民主党には、投資に対する考え方が不足しているので、そうなっているだけであり、われわれであれば、必要なところにお金を投じ、景気をよくしていけます。

白川守護霊　うーん。

大川裕太　「政府が補助金を出す」というのと、「日銀がお金を出す」というのは、全然違うことです。それは分かっておられますか。

白川守護霊　君、厳しいなあ。何か、よく分からんことを言うなあ。

「金を出してもいいが、日銀に担保をよこせ」というのが本心

大川裕太　「日銀がお金を出す」というのは、「通貨の供給量を増やす」ということであり、それは、経済活動を拡大させるためではないのですか。ですから、補助金を出すこととは全然違いますよね。

白川守護霊　うーん。まあ、でも、日銀の紙幣を一枚一枚刷るたびに罪悪感を感じるのが、本当のバンカーなんだよ。ババババババッと一万円札を刷ってる姿を見て、「こんな紙切れが、本当に一万円になっていいのかな」という罪悪感を感じるのが……。

立木　その感性を変えていただき、適正なインフレ率を設定してください。

白川守護霊　だからねえ、カネを出してもいいけど、「担保をよこせ」というのが、私の本当の本心だ。

つまり、八ッ場《やんば》ダムをつくってもいいけど、「国債なんかの資金で八ッ場ダムをつくるんだったら、八ッ場ダムを担保によこせ」ということだ。だから、八ッ場ダムを

日銀の所有にするんなら、カネを出してやる。まあ、担保だ。日銀に担保をよこせ。

綾織　そういう考え方では、経済発展はしないし、新しい産業も起きてこないですよ。

白川守護霊　そんなことないよ。堅実《けんじつ》な経営じゃないか。何言ってんだ。政府は、使ったカネについて担保をよこさない。本当は、高速道路だって日銀のものにしてくれてもいいわけよ。

立木　いやいや、日銀は国債を保有していますが、国債も資産ですよね。ちゃんと、資産があるわけですから……。

白川守護霊　あんたは資産だと思うか。私は紙切れだと思ってる。私たちは、あんなものは信じていない。

立木　政府には、ダムなり高速道路なり、ちゃんと現物の資産があるわけですからね。

白川守護霊　この政府は、もう潰れかかっていて危ないよ。

立木　そんなことはありません。政府は、資産もたくさん持っています。日本は、先進国のなかでも、本当に大きな資産を持っているのです。

白川守護霊　政府は資産を公表してないから、あんまり信じちゃいけないよ。銀行としては、ちゃんと担保を押さえなきゃ駄目よ。日銀だって銀行なんだから、「担保を押さえないで、カネだけ出す」っていうのは駄目なのよ。

もっとはっきり言やあ、「カネを出せ出せ」って言うけど、市中銀行がカネを出すときには、ちゃんと担保を取るように指導してますよ。そうしないと倒産《とうさん》しますからね。日銀だって銀行は銀行なんで、本当は、カネを出す以上、日本という国にそれだけの担保がなきゃいけないわけだ。

だから、国家運営の責任と、確かに、「国が持っている財産が、担保として十分かどうか」っていう判断はあるわけだけど、私としては、やっぱり、「赤字が先行している」っていう判断なんですよ。だから、「これ以上、国に対して貸し込《こ》んではいけない」という考えを持ってるわけよ。

「付加価値」がよく分からない白川守護霊

立木　日銀には、普通の市中銀行とは違って、通貨発行権がありますから、それを生かさないといけないですよ。市中銀行と同じことをしていたのでは、中央銀行ではありません。

白川守護霊　でも、今、二十円で一万円札を刷ってるやつを、同じ二十円で二万円札を刷れるようにしたら、これでインフレが起きるんですよ。しかし、インフレを起こしたら、日銀としては、もう、クビをくくらなきゃいけない。

大川裕太　日銀や政府のなかに、経済発展を目指さないような考え方を持つ人がいると、もう、国は滅《ほろ》びていくしかないと思うのですが。

白川守護霊　うーん、まあ、発展というより、私たちはねえ、要するに、人体でいうと、背骨の部分なの。だから、骨の部分が、そんなに発展しちゃいけないのよ。肉とか脂《あぶら》のところは発展してもいいけど、骨というのは、やっぱり、ガシッとしてなきゃいけない。これが、ふやけたらいけないのでね。

大川裕太　慎重《しんちょう》な政策をとることについては、別に、「間違っている」とは言いませんが、そもそも、経済規模を縮小させる方向に政策を持っていこうとする考え方が根底にあるのは……。

白川守護霊　縮小させる気はないけどね。

ただ、「日本の人口が減り、アメリカが衰退していく」という先行きの見通しから見ると、やっぱり、堅実に考えておかないといけない。「現状維持《いじ》でもバブルになっていく可能性がある」という考えはあるわな。

立木　「デフレのままでバブルになる」という発想自体、おかしいですよね。

白川守護霊　あ、デフレっていうこと……。

立木　今はデフレなんですから。

白川守護霊　だから、人口減がデフレの原因なんだよ。

立木　それは違います。通貨の供給を通して、物価のコントロールをしているのは日銀です。デフレというのは、要するに、物価が下がることですから、デフレになるかどうかは、日銀のオペレーション一つにかかっているではありませんか。

白川守護霊　うーん。

立木　人口のせいにしてはいけません。

白川守護霊　いやいや。でも、君ねえ、やっぱり、それはあるんだよ。

今年あたりだったら、受験生というか、大学受験できる十八歳《さい》の人口は百二十万人ぐらいだけど、成長期の昭和四十年代だったら二百二十万人ぐらいいたわけ。君ねえ、百万人も減ったら、消費は減るよ。そりゃあ、当たり前じゃないかあ。

立木　いや、新しい製品ができ、新しいサービスができ、新しい付加価値ができたら、それに対して、新しい消費が起こります。

白川守護霊　あなた、洗濯機《せんたくき》は二台も三台も要らないんだって。今、無理してるんだよ。車なんかでも、本来は潰れるまで乗らなきゃいけないのに、五年ごとに買い換えたり、いろいろして、そうとう無理した経済を起こしてるんだ。

立木　新しいものをどんどんつくり出せばよいのです。

綾織　「付加価値を生み出せる」ということが分からないわけですよね。

白川守護霊　君ねえ、「日銀総裁に付加価値の講釈《こうしゃく》をする」っていうのはねえ、けしからんけど、分かるはずがないんだよ。実際、そんなものはないんだよ。

立木　分からないのであれば、そういうところに足を踏み込まなくても結構ですから、きちんと「やるべきこと」をやってください。

白川守護霊　私たちの仕事は、何と言うか、後始末《あとしまつ》なんだ。日銀短観《たんかん》といってね、企《き》業《ぎょう》からの報告を受けて、「今、日本経済は上向きであるか、下向きであるか」ということを報告するのが仕事なんだからね。

「平等に貧乏《びんぼう》な、昔の農業時代に帰りたい」のがメンタリティー

立木　経済の統計を見て、お金がきちんと行き届いているかどうかを判断し、「少なければ、お金の供給をもっと増やす」とか、そういう日銀本来の仕事をしないと駄目です。

白川守護霊　あのねえ、私たちは私企業じゃないからね。

立木　とにかく、今はデフレなんです。「私企業かどうか」ということではなく、日銀には、通貨の供給量を左右する力があるのですから、その力をうまく生かし、緩やかなインフレ状態に持っていかなければ駄目です。

白川守護霊　私たちは、「インフレ」っていう言葉は聞きたくない。駄目なのよ。君らが言う「人工インフレ」っていうのは、もう、人工甘味料《かんみりょう》と一緒《いっしょ》なのよ。

立木　世界には、二、三パーセントの適正なインフレ率を目標にしている国もたくさ

んあるわけですから、そこに持っていくだけですよ。

白川守護霊　適正かどうか、分からないよ。

立木　ほかの国では、それで、きちんと経済成長しています。

白川守護霊　適正かどうか、分からない。それが、いつ、七、八パーセントになって、十パーセントになるか……。

立木　いや、それは、きちんとコントロールをすればよいではありませんか。

白川守護霊　君ねえ、「中国みたいな十パーセント成長がいい」って言うのは、時代錯誤《さくご》だよ。そんなことは、今どき、ありえないんだ。

立木　インフレ率ではなく、実質成長率であれば、全然、問題ありません。

白川守護霊　ちょっとでも貧富の差が出たら、庶民《しょみん》もマスコミも、ギャーギャー、ギャーギャー言う。「格差だ」と言って怒《おこ》るじゃないの？　あれを言うのをやめてくれるなら、ちょっと、格差が出てもいいような政策をとるけどさ。

大川裕太　今、私たちも、そういうことを言うのをやめさせようとして、社会啓蒙《けいもう》に頑張っています。

白川守護霊　そうは言っても、庶民もマスコミもすぐ言うじゃないか。みんな、貧乏《びんぼう》なほうがいいんだよ。平等に貧乏なほうが。だから、本心は、昔の農業時代に帰りたいんだよ。

立木　そこを変えないといけないですね。

白川守護霊　他人《ひと》が儲けるのは、面白《おもしろ》くないんだろうよ。株なんかで他人《ひと》が儲けた話を聞いたら、もう本当に、じんましんが出るぐらいなんだと思う。

立木　実際は、あなた自身がそうなのではありませんか。

白川守護霊　え？　まあ、そうだけど……。

われわれは、そういうことができないからさあ。

立木　そこが問題です。そういうメンタリティーで日銀総裁をしているから、駄目なのです。

白川守護霊　通貨の番人は、そういうことをしてはいけないからね。

立木　あなた個人としては、別に、株をしなくても構わないと思いますが、少なくとも、日銀総裁としては、株価を上げ、企業活動を助ける方向で、仕事をしないといけないのではないでしょうか。

白川守護霊　食料品店のガードマンが、店のなかにあるソーセージを取って食べるようなものだから、そんなことはしちゃいけないんだよ。

6 「福井総裁時代《ふくい》」を振《ふ》り返る

マスコミが三重野《みえの》元総裁を糾弾《きゅうだん》しなかった理由

大川裕太　少し話は変わりますが、二〇〇一年から二〇〇六年まで、量的緩和《かんわ》が実際に行われたときには、「やろう」という決断がまだあったわけですよね。当時の、その決断についていては、どう思っておられますか。

白川守護霊　君、何か怖《こわ》いなあ。大丈夫《だいじょうぶ》か。君、ちゃんと受験勉強してるか。そんなことをやってると、君、危ないぞ。

大川裕太　いちおう頑張《がんば》っております。

白川守護霊　卒業が危《あや》ぶまれるぞ。

大川裕太　いえいえ。

白川守護霊　そんな厳しいことを私に言うようでは駄目《だめ》だよ。卒業が危ないぞ、君。大学入試では、そんな出題されないから、とても危険だ。

大川裕太　まあ、それとこれとは別の話です。

立木　あのとき、あなたは日銀にいらっしゃいましたよね。

白川守護霊　うーん。まあ（苦笑）……。

立木　福井《ふくい》総裁の下《もと》で仕事をされたと思うのですけれども。

白川守護霊　まあ（苦笑）、私は総裁になるとは別に思ってなかったからね。そらあ、民意か民主党か知らんけども、たぶん、民主党が政権を取ったような民意もあったのかなあ。まあ、天が私を呼んでましたからねえ。

ほかの、もともと予定されてた大蔵省出身の人なんかが日銀総裁になったら、金融《きんゆう》政策と財政政策の違《ちが》いが分からないで、日銀の政策がみな財政政策になっちゃうのよ。

だから、財務省と日銀が一緒《いっしょ》になっちゃうのよ。同じことをし始めるから、やっぱり違うことをして、意見が分かれなきゃいけないわけね。

立木　福井さんは、けっこう拡張的な金融政策をされていたと思うのですが、「それに倣《なら》う」という発想はないですか。

白川守護霊　うーん。だから、福井は、「民間に飛ばされた」って言うとるじゃない。「当然、副総裁から総裁になる」と思われてたのに、民間で十年ぐらい冷《ひ》や飯《めし》を食わされてるでしょう？

立木　しかし、その後、総裁になって、戦後最長の好景気をもたらしたではないですか。

白川守護霊　まあ、本来は、三重野《みえの》さんがもうちょっと糾弾《きゅうだん》されるべきだったのかもしれないけども、マスコミはやっぱりインテリに弱いからさあ。「日銀の総裁って、賢《かしこ》いのかなあ」と思うから、それで、責任追及《ついきゅう》しなかったんでしょう。

ほんとは三重野さんのおかげで貧乏《びんぼう》になった人なんか、山のようにいるわけだし、倒産《とうさん》と自殺も山のように出たはずだけど、何の責任も感じてないじゃない。

福井前総裁は「バブルを起こした戦犯《せんぱん》」なのか

綾織　今、三重野さんと話をされたりしていますか。

白川守護霊　（苦笑）いや、まあ、退職されてるからね、特に話をしなきゃいけないあれではないけども、戦後としては、多少、評判の上がった人の一人ではあるからさ。

綾織　普段《ふだん》、あなたは、どういう人と意見交換《こうかん》というか、アドバイスを受けたりされていますか。

白川守護霊　私は、まあ、全国支店長会議とかね、そういうので月一回ぐらい意見を聞いたりはしてるし、もちろん財務省系や、内閣のほうの官房《かんぼう》長官や財務大臣、首相などから、いろいろと、ご下問《かもん》があったり、意見を言ってくるなりしてるよ。

綾織　まあ、当会は宗教ですので……。

立木　つまり、守護霊としては、どなたか、ほかの方とも接触《せっしょく》されているのですか。

白川守護霊　君ら、何だか厳しいなあ。うーん……。とにかく、まあ、福井さんとは違うようにしなきゃ、私の存在意義はないわけよ。

綾織　その逆をやる？

立木　個人としての存在意義を理由に日本の景気を悪くしたら、やはり、まずいのではありませんか。

白川守護霊　景気を悪くしてるんじゃなくて、堅実《けんじつ》に維持《いじ》してるんだよ。

立木　福井さんが日本の景気をよくしたのであれば、あなたも景気をよくするために、やはり同じことをしなければいけませんよ。

白川守護霊　あいつは〝戦犯《せんぱん》〟なんだ。バブルを起こしたのに復活した男だからね。だから、同じことを二回起こさせないように、私が頑張ってるわけじゃないですか。

立木　「バブルを起こしたことが罪だ」と言うこと自体に、問題があると思いますけどね。

白川守護霊　今、中国が苦しいんだよ。北京《ペキン》オリンピックと上海万博《シャンハイばんぱく》をやって、土地もマンションもバンバン上がったけど、みんな、要《い》りもしないのに買って何倍にもなってたやつがそろそろ暴落する。上がるときはうれしいよ。だけど、下がるときの苦しみっていうのは、けっこうあるよね。

こういう苦しみを国民に味わわせないようにするためには、やっぱり安定が大切だよ。

立木　いや、それが経済成長をしない言い訳になっているわけですよ。

7 「日銀の役割」とは結局何なのか

バブルを起こさないように引き締《し》める〝塩〟の役をしている

大川裕太　ところで、あなたは、「経済成長＝《イコール》バブル」と思っていませんか。

白川守護霊　まあ、そうなんじゃないの？　だって、私たちの給料なんか、いくら働いたって増えないからね。

大川裕太　いや、バブルではない経済成長もあるんですよ。「経済成長と思っていたものが、政策ミスなどによって消えてしまった」というのがバブルであるわけですから、経済成長が必ずバブルであるとは限らないでしょう。

白川守護霊　いやあ、でも、「バブルがない」という考えも間違《まちが》いで、オランダのチューリップ・バブル（一六三七年）での投機から始まって、過去、何度もバブルは起きてるんでねえ。

立木　ですから、「それを潰《つぶ》せばいい」という発想は間違いなのです。

白川守護霊　うーん。

立木　人為《じんい》的に潰すことで、結局、被害《ひがい》が拡大してしまうのです。

白川守護霊　今、中国では、宝玉《ほうぎょく》でできた「璧《へき》」っていう緑の石が、バブルでとっても上がってるんだけどさ。これはダイヤモンドと違って中国市場でしか出回らないのに、まるでユダヤ人がダイヤモンドでも買うかのように、一生懸命《いっしょうけんめい》、緑の石を買い集めてる。「これだけは値段が下がらない」と思って買い集めてるけど、あれもまた崩《ほう》壊《かい》すると思うね。

まあ、人間は、そういう心理になるんだよ。泡銭《あぶくぜに》を集めたい気分になるんだけど、そういうことを思わせないように引き締《し》める〝塩〟の役が私なんだ。

立木　ただ、先ほど、あなたは、「自分の収入が増えずに減らされてるから」ともおっしゃっていましたが、それなら逆に、「収入が景気に連動する」、あるいは「株価に連動する」というようにすればよいと思います。

白川守護霊　いや、やっぱり、それでは中央銀行の独立性が侵害《しんがい》されます。

そうなると、「政府の失敗によって、また私たちの給料が減る」ということがありえるじゃないですか。

立木　いやいや。あなたがたも、日本経済に対して責任を負い、実際に権能を持っているわけですから、「それを正当に発揮して日本経済を発展させる。成長させる。それによって日銀の人たちの収入も増える」というようになれば、スマートですよ。

白川守護霊　いや、そういう立場にはない。私たちは雲上人《うんじょうびと》なんだ。雲の上から下界を見るように見なきゃいけないので、そういう下界の事情で左右されてはいけないんですよ。もっと高い所から見なきゃいけない。

大川裕太　あなたは日本の経済に関する番人ではないですか。

白川守護霊　うん。

大川裕太　「日本の経済は自分にかかっている」というのであれば、日本の経済が成長したら、あなたの給料が上がり、日本の経済が衰退《すいたい》したり停滞《ていたい》したりしたら、あなたの給料が下がるようにしたらどうですか。

白川守護霊　まあまあ、それは、ものの譬《たと》えだよ。私らは、そんなカネなんかに執着《しゅうちゃく》があるわけないからさ。

立木　いや、でも、先ほどは、「給料が上がらないから」と言って、怒《おこ》っていたではないですか。

白川守護霊　いや、ものの譬えで……。いや、やっぱり、それは給料の問題じゃなくて……。

立木　「給料を下げられた」と言って、怒《おこ》っていましたよね。

白川守護霊　何と言うか、名誉《めいよ》の問題なんだよ。世間の名誉、評価の問題。

立木　ただ、名誉という点で見るならば、今、「日銀総裁は、デフレに対して無策なので駄目《だめ》だ」と言われていますよね。

白川守護霊　うーん、まあ、それでもさあ、中国みたいなバブルを起こさないでいるっていうのは、やっぱり、あとから国民に感謝されると思うよ。

「締《し》め上げて権威《けんい》を増《ま》したい」というのが役人の習性

綾織　あなたが理想としているのは、やはり経済成長をしない状態ですか。成長率がゼロパーセントとか、そういう状態が、あなたのおっしゃっている〝安定〟ということなのでしょうか。

白川守護霊　うーん、まあ、でも、役人の習性としてはね、締《し》め上げると、みんな苦しむだろう？　そのあと、みんなが「頼《たの》むからやってくれ」と言ってお願いに来るんだ。これが権力の発生源で……。

綾織　それで資金を小出しにしているのですか。

白川守護霊　これはやめられないね。

綾織　苦しめたいわけですね。

白川守護霊　苦しめたいわけじゃなくて、お願いされると、権威《けんい》が増《ま》してくるからね。

綾織　お願いされたい？　ひどい話ですね。

立木　うーん。そういう意味では、やはり、「日銀の独立性」というのは、ちょっと問題ですね。

白川守護霊　だって、首相が言おうが、大臣が言おうが、日銀総裁がへそを曲げたら、もう出ないものは出ないからね。

立木　やはり、そういう権限は取り上げないといけないですね。

為替《かわせ》介入《かいにゅう》は効果がなくて困っている

白川守護霊　この前、君、何か悪いことを言ってたよな。「為替《かわせ》に介入《かいにゅう》したのは、全部、無駄金だった」みたいな失礼なことを言っただろう（『沈《しず》みゆく日本をどう救うか』〔幸福実現党刊〕第1章参照）。

立木　ああ、そうです。そのとおりですね。

白川守護霊　本当のことだったから、ほんとに困ってるんだよ。だから、ああいうことを言っちゃいけないよ。

立木　いえいえ。だって、「増税する」と言っておきながら、「借金をどんどん増やす」というのはありえないですよ。

白川守護霊　まあ、為替も、何回か、もう十兆円以上介入しちゃったかもしれないけども、全部無駄になっちゃったよな。

やっぱり、為替は「一ドル七十円」に向かっとるから、確かに無駄金を使ったけど、そのときには、日銀総裁が七時のニュースに流れるだろう？　あんなときしか出番がないからさあ。それで、そちらのほうを出番にしてるのよ。

みんなを救ってるように見えるじゃない。

立木　いや（苦笑）。

白川守護霊　「輸出産業を救ってる」という刷り込《こ》みがあるじゃない。ね？　日本は輸出して食ってるから。

綾織　いや、もともと円高をつくり出しているのは、日銀の政策でもあるわけですよ。つまり、日銀がお金を刷らないから、どうしても円の価値が上がってしまっているわけですから、いわばマッチポンプですよね。

立木　そうですよ。その意味では、自作自演ですね。

白川守護霊　だけど、円安自体はつくれなくはない。要するに、日本の経済に対する信用が落ちれば円安にはなるわけだから、日銀がカネを出さなくとも円安はつくれるんだよ。

綾織　いやいや、今、日本の経済に対する信用度は高いんですよ。

白川守護霊　うーん。

立木　ですから、日銀がお金をどんどん発行していけば円安になるわけですから、きちんとそれをやってくださいよ。

フリードマンのマネタリズムは「悪魔《あくま》の思想」？

白川守護霊　君たちね、ミルトン・フリードマンのところに弟子《でし》入りして教わったわけでもないのに、なんで、そんなフリードマンみたいなことを言うんだ。

私は、そばで勉強して、「あれがいかにバカであるか」っちゅうことは、よく分かってるのよ。だから、信じちゃいけないよ。ああいうのは悪魔《あくま》だよ。

立木　いえいえいえ。

白川守護霊　ああいうね、「カネさえ出しゃ、世の中バラ色」なんていうのは、はっきり言って、悪魔の思想だよ。

綾織　（苦笑）いいえ、「国民が苦しんで自分に頼ってくれればいい」というほうが、悪魔的だと思いますよ。

白川守護霊　うーん。

綾織　これは、ちょっと危険な考え方ではないですか。非常に危ないと思います。

立木　やはり、官僚《かんりょう》統制というか、社会主義の役人の発想ですね。

白川守護霊　私たちは、「虫歯をつくってから、それを治してカネ儲《もう》けしよう」なんていう考えは持ってない。あくまでも、虫歯をつくらないように予防しようとしてるわけで、「歯をちゃんと磨《みが》いて予防しましょう」と言ってるんだよ。

綾織　いやいや、予防ではないです。やはり、不況《ふきょう》をつくり出していますよ。

立木　それは、「ものを食べなければ虫歯ができない」と言っているのと同じような理屈《りくつ》です。

白川守護霊　ああ、食べなくてもいいね。うーん、それはそうだ。

立木　そうすると死んでしまうではないですか（苦笑）。

年金問題の解決のためには、「高齢者《こうれいしゃ》が死んでくれないと困る」

白川守護霊　ああ、まあ、今はね、やっぱり年金問題の解決も考えると、多少、死んでくれないと困るんだよ。

立木　（苦笑）いや、年金のことは、もう考えなくていいですから。

白川守護霊　働いてもない人がね、八十や八十六までも生きる世の中っていうのは、間違った世の中なんだよ。

立木　いやいや、ですから、幸福実現党は、そういう人たちでも働ける社会をつくろうとしているのです。

白川守護霊　私みたいに長く働ける人は別だよ。そういう人は構わないけど、ほとんどの人は、六十を過ぎたら、もう要《い》らないんだからさあ。

立木　いや、そんなことはありません。高齢者《こうれいしゃ》の方々にもきちんと働いていただければいいのです。そういう人権無視の発言はよろしくないのではないでしょうか。

白川守護霊　だから、もう要らないのよ。

立木　いいえ、高齢者の方々にも、生きがいを持って仕事をしていただける社会にすればいいわけですよ。

白川守護霊　私みたいに頭脳明晰《めいせき》な人は、まだまだ活躍《かつやく》できるけども、たいていの人は体を使った仕事だから、もうみんな要らないのよ。

やっぱり、豊かな生活になると、みんな長生きして年金問題が起こり、若い人たちから取り尽《つ》くして、〝憑依霊《ひょういれい》〟になって殺すからさあ。君たちの言葉で言えばね。

立木　いや、そこは、やはり、「高齢者になっても、きちんと働き続けられるような社会をどうやってつくるか」というプラスの発想が必要ですね。

そうすることで、また新しい付加価値が生まれるわけですよ。

白川守護霊　それなら、医学的に、高齢者が結婚《けっこん》して出産できるようにちゃんとしたらいいよ。

立木　別に、出産どうこうではなくてですね（苦笑）、仕事ができるようにしたらいいんですよ。それは、いろいろと工夫できるではないですか。

白川守護霊　七十で結婚して子供をいっぱい産んで、それで日本の人口を増やすのなら、まあ、彼らにもまだ活躍の場があるよ。

綾織　（苦笑）今は高齢になっても仕事ができますので、やはり、仕事をつくり出すことがいちばん大事です。

そのために日銀ができることは、たくさんあるわけですよね。あなたが「年金問題の解決にも責任がある」と言うならば、ぜひ、日本の財政当局と協力しながら、日本の景気を上げていっていただきたい。

「インフレの責任者」として歴史に名前を遺《のこ》したくない

白川守護霊　「とにかく国債《こくさい》を引き受けて、どんどんどんどん国債を増やす」っていう積極財政をあなたがたは言うんだろうけども、結局、あまりうまくいかずに、残高が増え、借金経営になり、そして、日銀の国債の利払《りばら》い費ばかり、どんどんどんどん増えていくことになるからね。もう、そっちへ行こうとしてるわけだ。

立木　今、もうすでに、借金経営になっているわけですから、実体経済をよくすることを考えないと駄目ですよ。

白川守護霊　やっぱりね、国債は減らさなきゃいけないですよね。流れとしては減らさなきゃいけないから、日銀がそれに加担するわけにはいかないですよ。

立木　減らすのはいいのですが、そのためには税収を増やさないといけませんのでね。

税収を増やすためには、景気をよくしないといけない。

白川守護霊　いやいや、そういう考えもあるけど、「増税をかければ逃《に》げられない」と思ってる人もいるわけだからさあ。

立木　いや、増税すると、結局、実体経済が悪くなって、税収が減るわけですよ。

白川守護霊　過去二回ぐらいは、そんなこともあったかもしれないけど、今回は、もしかしたら増えるかもしれないじゃないか。やってみないと分からない。

立木　それだったら、日銀引き受けも、やってみないと分からないではないですか。

白川守護霊　ええ？

立木　実際にやってみたら、きちんと適正なインフレになり、その下《もと》で経済成長ができると思いますよ。

白川守護霊　日銀マンとしては、やっぱり、「インフレを人工的に起こした責任が自分にある」っていうことは、どうしても歴史に遺《のこ》したくはない。

立木　画期的な出来事として歴史に遺るかもしれませんよ。

白川守護霊　高橋是清《たかはしこれきよ》はねえ、もともと奴隷《どれい》で売り飛ばされたような人だしさあ、最期《さいご》は暗殺された人だから、まあ、死んでもいいような人だったんだよ。（注。高橋是清は「二・二六事件」の際に自宅で殺害された。当時の役職は大蔵大臣）。

立木　でも、きちんと歴史に名前が遺っていますよ。

白川守護霊　私は、そういう、暗殺されるような人生は送りたくないのでねえ。安穏《あんのん》に生涯《しょうがい》を送りたい。

綾織　最終的に、国民の恨《うら》みを買って、その意味で名前が遺るかもしれませんよ。

立木　そうそうそう。

白川守護霊　いや、恨みを買ってるのは三重野《みえの》さんであって、私じゃないと思うなあ。

綾織　いやいや、同じだと思います。

白川守護霊　福井さんは、もう、歓心《かんしん》を買おうとして、バブル化する気《け》があったけどねえ。まあ、君らの政策はね、付け焼き刃《ば》というか、アヘンだよ。

綾織　カンフル剤《ざい》です。

白川守護霊　死ぬ前の苦しみを緩和《かんわ》するために、注射は要るとは思うけどね。そして、一時期、ちょっとハイな気分になれるけど、結局、それは無駄なことなんだよ。

立木　いや、そう決めつけるのはよくありません。やはり、「やれることは何でもやる。経済をきちんと発展させる」という気持ちが大切ですよ。

あなたの発想だと、どうしても経済が縮小する方向に行くんですけれども、そうではなくて、「経済が拡大することは善なんだ」という根本的な信念が必要ですね。

「ケインズ経済」はもう効かないのか

白川守護霊　ケインズ経済だって、もう効かないからね。国の財政を大きくしたって、もう効きはしないし、今どき、あんた、ピラミッドをつくったって、そんなもので景気は拡大しません。
立木　いやいや、例えば、リニアをつくるとか、きちんとした最先端《さいせんたん》のものをつくることによって、生産性は確実に上がるわけですよ。
白川守護霊　で、何？　リニアにタヌキが乗って走るのかい？　人口が減っとるのにさあ、そんなものつくって……。
立木　それだけ仕事がたくさんできるではないですか。
白川守護霊　だから、リニアをつくれない理由はだね、土木作業をしているゼネコンの人の給料は入るかもしらんけど、電車を走らせてみたら、人口が減ってて誰《だれ》も乗りゃしないんだよ。タヌキやキツネが無料で乗ってるみたいな、そんなリニアだろう？
立木　人口に関しては、海外から導入することもできますからね。
白川守護霊　富士山の麓《ふもと》を走って、止まってやりゃあ、動物がいっぱい乗ってくるだろうよ。

立木　いや、そんなことはありません。要するに、スピードを速め、時間を縮めることによって、仕事がたくさんでき、付加価値がたくさん生めるわけですよ。

白川守護霊　そんなことはないでしょう。とにかく、「人口が減る」っていうことは、そういう交通網《もう》の充実《じゅうじつ》なんか、もう要らないんだよ。

立木　いやいや、人口が減っても、各人の生産性を上げることで、付加価値は増えるわけです。

白川守護霊　生産性が上がれば、もう人は要らなくなるから、どんどん減っていくんだよ。

立木　いいえ、それだけ富が増えるわけですよ。

白川守護霊　そんなことはない。これからは、ロボットが代わりをしてくれるんだよ。

立木　その代わりに、人間が、もっと付加価値の高い違うことができるわけですよね。単純作業はロボットがするわけですよ。

白川守護霊　そんなことはない。

銀行だって、「コンピュータが入れば人手を減らせる」と言ってね、もう昭和四十年代からコンピュータ化が進んで、オンライン化していったけども、事故がいっぱい起きたしねえ。それでコンピュータ要員が増えてさあ。

何のことはない。人が減るどころか、コンピュータ係がいっぱい増えて、銀行の人数はまあまあ増えましたけどね。

だから、やっぱり、無駄なことはしないのが一番だな。

綾織　あなたは、先進国の中央銀行の総裁としては極《きわ》めて意識が遅《おく》れていますよね。むしろ、どこか発展途上国《とじょうこく》の中央銀行の総裁をされたほうがいいと思いますよ。

白川守護霊　そんなことは、まあ……。

綾織　日本はもっと経済発展していく国ですので、そこが分からないというなら、本当に、もう早く辞《や》めていただいたほうが（苦笑）……。

白川守護霊　私は、フリードマンから、「後継《あとつ》ぎにならないか」と言われたような人だから……。

綾織　いやいや、フリードマンの言うことをやっていませんよ。後継ぎなら、そのとおりにやっていただいたほうがよいのではありませんか。

白川守護霊　私は、後継ぎとして、彼の間違いを正しているわけであって……。

綾織　（苦笑）間違いを正さなくても結構です。

白川守護霊　ああ。

「金本位制に戻《もど》したい」というのが本心

立木　供給力が限られた経済のなかであれば、インフレを恐《おそ》れるのは分かるんですけれども、今、日本は、ある意味で、供給力が過剰《かじょう》なんですよ。それで、デフレになっているわけですから、それを克服《こくふく》するために、「きちんとお金を供給してください」ということです。

白川守護霊　ああ、まあ、私は賢《かしこ》いね。「流動性供給に尽きるわけではない」と、どうにでも解釈《かいしゃく》できるような言葉をちゃんと使ってるじゃないか。「尽きるわけではない。『流動性供給は効果がない』とは言わないけれども、日銀の使命が、それに尽きるわけではない」と、まあ……。

立木　いや、流動性をまだ十分にやっていないですよ。

白川守護霊　ええ？

綾織　まず、それをやりましょうよ。

白川守護霊　で、いくらで？　二十兆やって、それで駄目で効果がなかったら、また、二十兆、五十兆、百兆とやるのかい？

立木　やればいいですよ。

白川守護霊　やるんですか。

立木　インフレ率が適正なところに行くまで、やればいいんです。

白川守護霊　君ら、それは破滅《はめつ》への疾走《しっそう》だよ。みんな、もう、ブタの大群みたいに、海のなかへ飛び込んでいくようになる。ああ、きっとそうなる。二十兆で駄目なら五十兆。五十兆で駄目なら百兆。いくらでも入れていく。民《たみ》というか、乞食《こじき》の群れって、みな、「カネくれ、カネくれ」って、やって来るだろう。

立木　いや、インフレ率という指標を見て、コントロールすればよいのです。

白川守護霊　撒《ま》いたら駄目なんだって。

綾織　単に撒くだけではありません。やはり、日銀がお金を供給しないと。

白川守護霊　「ちゃんと働け！　働いて稼《かせ》げ！」っちゅうことだ。

立木　もちろん、働きますよ。

白川守護霊　「働かずにカネだけくれ」っちゅうのは、駄目なのよ。もう、駄目、駄目、

駄目、駄目、駄目。

立木　お金が回らないから、働く機会が奪《うば》われているわけですよね。

白川守護霊　二十円のものを一万円札に化けさせてるだけでも、すでに、十分に魔術を使ってるんだから、もうこれ以上、泡銭をつくっちゃいけないんだよ。

立木　いやいや、やはり、きちんと供給して、それで……。

白川守護霊　私の本心を言やあ、金本位制に戻《もど》したいぐらいだからねえ。

立木　そんなこと、とんでもないですよ。

白川守護霊　金《きん》がないからしょうがないけど、まあ、本心を言えばね、「やっぱり、ちゃんとした裏付けがなきゃ、貨幣《かへい》というのは発行しちゃいけないもんだ」と本当は思いますよ。

綾織　かなり昔に戻っていっていますねえ。

立木　そうですね。

日本経済はどんどん転落していくしかない？

白川守護霊　実体経済としてね、それだけの信用がほんとはないので、どう見ても、坂を下り落ちるようになっていくんだよ。「今、三位になって、しばらくしたら、次に五位になって」というように、もう順位がドーッと落ちていく。インドに抜《ぬ》かれ、ブラジルに抜かれ、いろんなところに、どんどんどんどん抜かれていくよ。だから、転がり落ちていくね。

国民も、怠《なま》け者で遊んでばかりで、どんどん国際競争力が落ちていってるし、英語をしゃべれないのは日本人ぐらいで、あとのアジアの国は英語をしゃべれるしね。みんな、やる気がないんだから、これはもう転落するんだよ。

立木　日本国民のことをかなり蔑視《べっし》していますね。

白川守護霊　そら、そうだよ。私は、留学して、「フリードマンの後継ぎにならないか」

と言われたぐらいの人だからね。

立木　そのわりには、日本経済の今のパフォーマンスはよくないですよ。

白川守護霊　でも、今は、いよいよ総理が駄目だから、とうとう、私が出てきてるわけじゃないですか。うん、乗り出してきてるね。「任しとけ！」ってね。

立木　ただ、自己弁護しているだけですよ。

白川守護霊　通貨の番人としては、もう完璧《かんぺき》だ。

立木　「何もしません」と言っているだけですよね。

白川守護霊　完璧だ。うん。

立木　（苦笑）何もしないという意味なら完璧です。

白川守護霊　「どんなことがあっても水門は開《ひら》かん」と言って、頑張《がんば》っているわけじゃないか。だから、「バブルは二度と起こしません。そして、通貨の信認を落としません」

ということだ。

これは、要するにね、国債の暴落とか、そういう日本国の破滅を防ごうとして頑張ってるんですよ。津波《つなみ》が来てるなかを、人工堤防《ていぼう》というか、人間堤防として支えているんですよ。

大川裕太　「失われた二十年」というのは、あなたたちのやってきた二十年間のそれを指して言っているわけですよ。

白川守護霊　うーん、まあ、でもね、八九年には、「東京都の土地代でアメリカ全土が買える」というところまで来たわけよ。

それはやっぱり、誰が考えてもおかしいので、マスコミとかは、毎日、「それはおかしい」と言ってたし、ソニーとかも、アメリカのいろんなものを買いあさったりして、ちょっとおかしかったし、みんな、「リゾート&《アンド》リサーチ」っちゅうて、「これからは遊ばなければいかん」なんて言い出して、おかしくなってきた。

これは、やっぱりね、あまりにもカネがたぶたぶしてくると、倫理《りんり》観が麻痺《まひ》してくるんですよ。働いてもないのにカネが儲かる状況というのは、パチンコのチューリップが開《ひら》きっぱなしで入るような感じなんだ。

綾織　実は、まさに、そのタイミングで新しい産業をつくるべきだったわけですよね。まあ、それには政府の問題もあります。

ただ、今は、本当に仕事がなくなっているので、政府と日銀とが連携《れんけい》して、しっかりやるべきときだと思います。

日銀にとって「インフレ・ターゲット」は悪魔《あくま》の教え

白川守護霊　だから、日銀はね、「会社がどんな仕事をつくれるか」っていうようなことは分からないのよ。

立木　分からなくてもいいので、とにかく、インフレ率の目標を設定し、それに対して責任を負ってください。

白川守護霊　それは悪魔《あくま》の教えなんだよ。

立木　いやいや。それでいいんですよ。それさえやってくれれば、あとは民間がきちんと努力して、日本を繁栄《はんえい》させますので。

白川守護霊　私の人生の結論としてはね、「インフレ・ターゲットをつくって資金供給する」なんていうのは、もう、「日銀総裁が悪魔の代理人になってる」ってことだよ。

立木　どうして、インフレ・ターゲットが悪魔なんですか。

白川守護霊　悪魔ですよ、そんなの。

そういうねえ、何と言うか、それは、「砂糖水を注射しておれば、生きられる」みたいな感じなんだよ。

立木　いや、「インフレ率を、きちんと一定の範囲《はんい》内で収める」というのは、決して変な話ではないと思いますよ。

白川守護霊　「インフレ」っていう言葉を聞いただけで、じんましんが出るんだ。

立木　（苦笑）でも、「二、三パーセントのインフレ率」というのは適正な範囲だと思いますけれども。

白川守護霊　なんで適正なの？　もういいじゃない。

人口も減って、国際競争力も落ちて、海外にどんどん抜かれていくのは、もう分かってるんだから、それを国民に自覚させることも大事なんだよ。「これから、君たちは、落ちぶれていき、抜かれていくから、それに耐《た》えられるようにあらかじめ教えておいてあげるよ」と言ってね。

綾織　そちらのほうが悪魔の発想です。

立木　悪魔ですね。悪魔的です。「みんなが貧しくなればいい」という考えですからね。

白川守護霊　どうして？　外国が発展するのはいいことじゃない。

綾織　いえいえ、「国民が貧乏《びんぼう》になって不幸になるのはいいことだ」という考えですよね。

白川守護霊　だからねえ、アメリカやヨーロッパみたいな先進国がこれから没落《ぼつらく》していく。日本も没落していく。そして、新興国が伸《の》びてくる。それでいいじゃない。それで、すべてうまくいくんだ。

立木　それは、あなたが何もしないことの言い訳ですよね。

白川守護霊　まあ、そうかもしれないけども、とにかく、私には、企業家《きぎょうか》としての才能はないんですよ。

立木　ええ、なくても結構です。せめて、「インフレ率をきちんと一定に収める。デフレではなくて、緩《ゆる》やかなインフレに持っていく」という努力をしてくださいよ。

白川守護霊　いや、日銀においてはね、「インフレを起こしたい」なんていうことを言ったら、もう、即《そく》〝打ち首〟なんですよ。

立木　あなたがクビになっても、やれる人がやってくださったら結構です。

白川守護霊　〝切腹〟ですよ。〝切腹〟なんですよ。

8　白川守護霊が理想とする国民生活とは

日銀総裁が街へ買い物に行って、暗殺されたら困る

司会　先ほど答えは出ていたのかもしれないのですが、もう少し分かりやすく、お考えを聞かせていただきたいことがあります。

今、政府は、増税をして、消費税や所得税などを、どんどん国民から取ろうとしているのですが、国民の側としては、増税をされると、働く意欲が続かなくなりますし、買い物を控《ひか》えようと考えるので、民間に流通するお金の量が減っていくと思います。そのへんに関しては、日銀総裁として、どうお考えですか。

白川守護霊　日銀総裁は、もう、買い物に行ったりはしないから、そのへんは分からないのよ。やはり、立場上、行けないからさあ。

立木　休みの日にでも行ったらいいのではありませんか。

白川守護霊　え？　私みたいな立場の人が、ＳＰを連れて買い物に行くわけにはいかんでしょう？　だから、やはり、行けないのよ。君なんかは、ほんと、無名の党首なので、どこでも歩けるから、いいけどさあ。私は、そんな……。

立木　でも、あなたは、「自分は黒子《くろこ》だ」と、おっしゃっていたではないですか。

白川守護霊　それは、「それほど重要な人物だ」ということなんだな。

立木　いえいえ。休みの日に、変装をして買い物に出かければいいはずです。

白川守護霊　高橋是清《たかはしこれきよ》みたいに暗殺でもされたら困るでしょうが。

立木　（苦笑）いや、誰《だれ》も暗殺などしませんよ。

白川守護霊　あ？　あんたら、危ないからな。

立木　日本は安全です。

白川守護霊　宗教団体っていうものには、ほんとに、暴力団以上に凶暴《きょうぼう》なところがあるからさあ、立木党首の命令で、刺客《しかく》をたくさん送ってこられたりしたら、大変なことになる。ええ？

立木　いや、そんなことは、まったくありませんよ。

白川守護霊　〝十三人の刺客〟に襲《おそ》われたりしたら、大変なことになるからなあ。もう、どこも歩けない。

立木　幸福実現党は、そんなことなどしません。高橋さんは暗殺されましたが、あのときには軍の反乱分子が殺しに行《い》ったのです。今の日本では、もう、そんなことはないですから。

白川守護霊　彼は、軍事費を削減《さくげん》したから、暗殺されたんだろう？

立木　ええ。

白川守護霊　だから、政府も、削減をやると、殺《や》られるところがあるわなあ、きっと。

ゼネコンの社員だって、ツルハシ一つで暗殺ぐらいできるんだからね、君。ヘルメットをかぶり、ツルハシを持ってきて、「月夜の晩ばかりではないぞ」と言って、頭をコツンとやれば、それで終わりだからね。

立木　ただ、あなたが、きちんと日本経済を繁栄《はんえい》させる方向で仕事をすれば、暗殺されることはありません。

尊敬している人は〝メザシの土光《どこう》さん〟

白川守護霊　いろんな商売というか、業種があるわけだから、すべてを幸福にはできないんだよ。

農業だとか、漁業だとか、ほとんど銭食い虫みたいなところばかり、一生懸命《いっしょうけんめい》、助けてるんだから、私たちは宗教的組織なのよ。政治も金融《きんゆう》も、もう、ほとんど宗教の代わりなのよ。私たちがいるから、あなたがた宗教は日本に要《い》らない。私たちが宗教の役割をしている。食っていけない人たち、働けない人たちに、一生懸命、カネを供給してるのよ。

綾織　あなたのご本尊《ほんぞん》は誰《だれ》ですか。

白川守護霊　「ご本尊」って何？

綾織　あなたが信仰《しんこう》を立てている人です。

白川守護霊　うん？　信仰を立てている人？

綾織　あるいは、尊敬している人。

白川守護霊　私の尊敬している人？

綾織　宗教なんですよね。

白川守護霊　私の尊敬してる人かあ。私の尊敬してる人、誰だろうねえ。待てよ。あまりよく考えたことがなかったけども、まあ、あえて言えば……。うーん。そうだなあ、やっぱり、〝メザシの土光《どこう》さん〟（注。経団連会長を務めた故・土光敏夫《としお》。メザシをおかずにして食事をしている姿をテレビで放映された）みたいな人が、いいんじゃゃないかな。

綾織　ああ。

白川守護霊　あんな感じが、いいんじゃないか。「ケチをして尊敬される」って、あれ、いいなあ。

綾織　うーん。国民が、そういう生活をすれば……。

白川守護霊　だから、あれでいいんじゃないの？　今の首相にも、ちょっと、そういう感じがあるからね。〝ドジョウ〟をしてるからさあ。国民も、質素倹約《けんやく》を実践《じっせん》し、無駄金《むだがね》を使うのをやめて、少ないカネで回っていく堅実《けんじつ》な生活をしたら、日本人の良識ってものが戻《もど》ってくる。

綾織　それは、堅実ではなくて、貧乏《びんぼう》なだけですよ。

白川守護霊　清貧の思想だね。うんうん。それでいいんだよ。頭がアメリカみたいになると、カネが余ったら、悪いことばかりするからね。

綾織　いえいえ、日本は、よいことをすればいいわけです。

白川守護霊　君ね、アメリカは借金経済で、大して稼《かせ》いでもいないのに、その倍も消費をし、そして、麻薬《まやく》はやるし、同性結婚《けっこん》はするし、変なことばかりしている。ああいう国になっちゃいけない。そのためには、清貧の思想にして、みんな、ちょっと……。

立木　いや、アメリカは、新しいものをどんどん創造し、新しい産業を生み出していますし、それを日本も導入して、繁栄を築いています。アメリカには、非常に役に立っている部分があるのです。

それを否定してしまったら、人類全体が貧しい世界に入っていきます。

白川守護霊　私は、アメリカに留学はしたけど、「アメリカによって、日本が敗戦を経験させられ、三百万人以上が死んだ」ということに関して、「この英霊《えいれい》たちを慰《なぐさ》めたい」という気持ちを持ってるわけよ。だから、そういうアメリカに追随《ついずい》して、バブル崩壊《ほうかい》の国になりたくはないのよ。第二、第三の敗戦を、つくりたくない。

とにかく「フリードマンの考え方」には嫌悪《けんお》感を持っている

綾織　あなたは、アメリカに留学したとき、つらい体験をされましたか。

白川守護霊　それは、するよね。

綾織　ああ。バカにされましたか。

白川守護霊　やっぱり、英語は難しいよ。

綾織　英語がよく分からなかったのですか。

白川守護霊　それはそうさ。君らもよく分かっとるだろう？　海外伝道は難しいだろう？

綾織　いえいえ。あなたは留学に行かれたわけですから。

白川守護霊　分かっとるふりをするためには、黙《だま》っとるしかないんだよ。

綾織　ほう。フリードマンの学説が分からなかったのですか。

白川守護霊　うーん。まあ……。

綾織　彼の著作などを読んでも、分からなかったわけですね。

白川守護霊　分からないことはないけど、フリードマンはアホの一本調子みたいな人だよな。「自由にやりゃあいい」っていうんだろう？　だってねえ、フリードマンは、「何でも自由にしろ」って言うわけよ。同性愛もオッケー、ＬＳＤもオッケー、何でも自由なんだよ。

綾織　いや、そこまでは言っていないと思います。

白川守護霊　いや、言ってる。言ってる、言ってる、言ってる。言ってるんだよ。そういう自由と貨幣《かへい》経済の自由は一緒《いっしょ》だと、そこまで言ってる。全部つながってるんだ。彼の考えでは全部が一緒なんだよ。

だから、はっきり言って、それに嫌悪《けんお》感を持ってる部分は、私には、ちゃんとあったのよ。

だけど、その心を隠《かく》し、まじめに授業を聴《き》いて、「先生のおっしゃるとおりです」と言っていた。そういう立派な官僚《かんりょう》体質を身につけ、彼の跡目《あとめ》が継《つ》げるような、立派な学者になった。口数を少なくし、いつも、“Certainly.《サートゥンリー》”（おっしゃるとおりです）と言っとればいいわけだね。

9 「超貧乏神発想《ちょうびんぼうがみはっそう》」の淵源《えんげん》にあるもの

自由経済で儲《もう》けた人は弾圧《だんあつ》しなくてはならない？

綾織　あなたが実現しようとしているのは国民の不自由ですよね。自由がない。

白川守護霊　もともと日本は不自由な国なんですよ。

綾織　いやいや、そんなことはありません。

白川守護霊　分《ぶん》を知ることが大事だね。侍《さむらい》の分を知ることが大事なんだ。

綾織　侍の時代に戻《もど》るのですか。

白川守護霊　うん。侍は、ほんと、「武士は食わねど高楊枝《たかようじ》」ということで……。

綾織　江戸《えど》時代が理想なのでしょうか。

白川守護霊　カネがないことに対して、言い訳をしない。それが大事なことだよ。

立木　でも、商人は、自由に活動して、繁栄《はんえい》を築こうとしてきたわけです。

白川守護霊　商人は、やっぱり、ときどき弾圧《だんあつ》しなきゃいけないね。

立木　民間経済は弾圧の対象であるわけですか。

白川守護霊　自由経済で勝手に儲《もう》けたら、侍っていうものの倫理《りんり》、モラルが崩《くず》れてしまうよね。やっぱり、そういうバブル経済で儲けたやつは、ときどき弾圧しなきゃいけない。

綾織　あなたは江戸時代に生まれていらっしゃいますか。

白川守護霊　まあ、そういうことだろうね。

綾織　ほう。三大改革のどれかにかかわっていますか。

白川守護霊　いや、まあ、どうでもいいけどさ、「江戸に行きゃあ、水でも売れる。

江戸には、カネを払《はら》って水を買うやつがいる」なんていうことが、当たり前と思われるのが、バブル経済の流れなわけよ、はっきり言えば。確かに、今も、水を売ってるわね。

綾織　「水に価値がある」ということなのではないでしょうか。

白川守護霊　なんと、水のペットボトル一本と石油の値段とが一緒《いっしょ》だろうが。あんなの、おかしいだろう？　それをおかしいと思わない君たちの倫理が狂《くる》っとるんだよ。

立木　そんなことはないですよ。

白川守護霊　水なんて、タダだよ。

立木　いや、水は貴重です。

白川守護霊　だから、倫理が狂ってるんだよ。そういうものを正さないと、侍の忠誠心というか、克己心《こっきしん》というか、それが守れないんだよ。

白川総裁の過去世《かこぜ》は江戸《えど》時代末期の〝勘定目付《かんじょうめつけ》〟

綾織　あなたは江戸《えど》幕府のお役人さんですか。

白川守護霊　まあ、〝勘定目付《かんじょうめつけ》〟をやってましたよ（注。勘定奉行、もしくは、それに準ずる役職にあったと思われる）。

綾織　ほう。

立木　いつの時代ですか。

白川守護霊　え？　江戸の末期だよ。
私の言うことをきいとれば、幕府も何とか持ちこたえることができたんだがなあ。

綾織　天保《てんぽう》の改革あたりに、かかわっていらっしゃいますか。

白川守護霊　うん？　あんた、警察か？　え？

綾織　いえいえ、ジャーナリズムの癖《くせ》です。

白川守護霊　人の検《あらた》めまでするのかね。

綾織　いえいえ、立派な仕事をされたのだと思いますので、ぜひ、それを世の中に知らしめたいと思いまして……。

白川守護霊　うーん。いや、まあ、そんな大したあれじゃないけどね。

江戸時代にも、〝水増し通貨〟を鋳造《ちゅうぞう》して、ちょっと偽《にせ》経済をつくった時代があるんだよな。私は、そういうことに反対してきた人間だからね。

要するに、「削《けず》り取りゃいいんだ」と考えて、小判をちょっと小さくすれば、その分、小判を余分につくれる。いわゆるバブル経済で、今で言うと、あなたがたの主張する、貨幣《かへい》の流通量を増やす経済だよ。

私は、そういうものを見て、「やっぱり、いけない」ということを、よく勉強した者だよ。

立木　「天保の改革」を推進した、老中の水野忠邦《みずのただくに》さんですか。

白川守護霊　いやあ、そんなに偉《えら》くはないけどさあ。そんなに偉くはないよ。

綾織　その下《した》で仕事をされていたのでしょうか。

白川守護霊　まあ、「そろばんを入れとった」っちゅうことだよ。

だから、もう、みんな、木綿《もめん》を着て歩きゃいいのよ。冬場に、君ね、暖房《だんぼう》なんか入れるもんじゃないよ。木綿の綿入れを着て歩きゃいいのよ。そして、乾布摩擦《かんぷまさつ》をすりゃあ、体はあったまるのよ。寒かったら、竹刀《しない》でも振《ふ》っとりゃいいんだ。

綾織　日本の影響力《えいきょうりょく》は大きいので、その発想は、世界の大不況《だいふきょう》の引き金を引くような考え方です。

白川守護霊　いや、もう、アメリカ化した思想は、このへんでやめにして、江戸時代に戻し、やっぱり、武士の一分《いちぶん》（面目）というか、武士道の時代に戻ろうよ。

綾織　いえいえ。誰《だれ》も賛同しません。

白川守護霊　日本がいちばん勇ましかった時代に戻ろう。

立木　武士の心は、外交や安全保障の上では大事なものですが、経済のなかでは、やはり、商売人の発想、すなわち「自由に頑張《がんば》って努力し、儲けを得る。人に喜んでいただいて儲ける」という発想が大事です。

人口を減らすためには、「国民が餓死《がし》してもよい」

白川守護霊　とにかく、思想が、人間の行動を全部規定してくるから、気をつけたほうがいい。

君ね、早めに党首をクビになったほうがいいと思うな。今の思想を持って党首を続けていたら、君、晩年は糖尿病《とうにょうびょう》で苦しむよ。

立木　（苦笑）いやいや、それは……。

白川守護霊　間違《まちが》いない。間違いないから。

立木　健康については、話が違うのではないですか。

白川守護霊　間違いない。考え方としては一緒なんだから、糖尿病になるよ。

立木　いえいえ。健康管理は、また別の話ですから。

白川守護霊　それを早めに予防することが医者の仕事、使命だから、「メタボを早く治そう」とか、やっぱり言わなきゃいけないんだ。

立木　糖尿病ではない私から言わせると、あなたの発想は、餓死《がし》する考え方だと思います。

白川守護霊　餓死してもいいじゃないの。筋肉質の人だけ残ったら、いいんじゃないか。

立木　たくさんの国民が苦しむことには耐《た》えられません。

白川守護霊　ほんとは、六十歳《さい》以上の人たちについては、半分ぐらい減らさないといけないんだよね。

だから、私は、人口を減らすことに賛成なのよ。八千万ぐらいまで減らしたほうがいいよ。戦後は八千万ぐらいからスタートしたんだから、そのへんまで戻したらいい。要するに、人口を四、五千万ぐらい減らす。そうすると、経済も、いちおう、半分か三分の一ぐらいは減るかもしれないけど、それで、健全な経済活動をして、人間の精神生活が健全になることが大事だ。

綾織　それは健全ではありません。

立木　あなたが最初に実践《じっせん》しないといけないのではないですか。ご自分（白川氏本人）も、たぶん、六十歳以上だと思いますので。

白川守護霊　フリードマンなんか、どうせ、自分でマリファナをやったから、ああ言うんであって、「自由を、自由を」って言うやつは、だいたい、そうなんだよ。だから、あんな思想はね、日本に入れちゃいけないんだ。経済思想がそれを促《うなが》すことになるから、気をつけたほうがいいよ。

綾織　あなたの思想は、本当に、江戸時代の、飢饉《ききん》を起こして人々を大量に餓死させる方向性のものであることが、非常によく分かりました。

白川守護霊　いや、江戸時代は餓死の山ですよ。

綾織　いやいや、あなたは、現在、それを実現しようとしているわけです。

立木　それを復活させようとしているんですよ。

白川守護霊　「日本の人口を三千万で一定させる」っていうことには、ものすごい努力が要《い》ったんだから。ええ。「江戸時代の二百六十数年間、三百年近くにわたって、人口が三千万から全然増えない」っちゅうのは、どういうことだ？　どれだけ、こんにゃくで人を殺したか、分かってるか。生まれた子供を、たくさん、こんにゃくで窒《ちっ》息《そく》させて、人口調整をしたんだよ。

そういう苦しみを庶民《しょみん》に味わわせないためには、つまり、母親や父親に人殺しをさせないためには、やっぱり、日銀総裁が、国の経済を、しっかり冷え込《こ》ますことが大事なんだよ。

立木　冷え込んだ結果として、倒産《とうさん》する会社や失業者が増え、自殺する人がたくさん出てくるわけです。
白川守護霊　ああ。それはいい。それは、いいことだよ。
立木　それは、人々の苦しみを意味しているわけです。
白川守護霊　その代わり、生命保険会社が潰《つぶ》れちゃいけないから、そこは、ちょっと守らなきゃいけないいな。だから、なるべく保険金を取られないように気をつけないといけないね。
綾織　あなたの考え方が超貧乏神《ちょうびんぼうがみ》の発想であり、かつ、悪魔《あくま》的なところまで入っていることが、よく分かりました。
白川守護霊　いや、そんなことはない。私は天国的ですよ。
江戸時代には、三千万人で、三百年間、安定した国がつくれたんだから。日本は、ああいうふうに、人口を減らしつつ、鎖国《さこく》状態に入っていくことが望ましい。そう思ってるね。

綾織　はい。よく分かりました。

立木　ありがとうございました。

白川守護霊　ん？　いいか？　うん。

大川隆法　（白川方明守護霊に）ありがとうございました。

10　白川守護霊との対話を終えて

実体経済の運営責任者としての任に堪《た》えない白川総裁

大川隆法　いやあ、この人には何かカルマ（業《ごう》）がありますね。うーん。カルマはあるようですが、生理的に嫌《いや》なものが何かあるのでしょうね。

（白川総裁の写真を見て）この人は痩《や》せているのではありませんか。

綾織　痩せていますね。

大川隆法　すごく痩せ細っていますね。やつれていて、死にかけのようにさえ見えます。悩《なや》んだり、緊張《きんちょう》したり、勉強したりすると、痩せるタイプの人ですね。たぶん、そうでしょう。

高橋是清《たかはしこれきよ》は、「達磨《だるま》さん」と言われたぐらいで、ブクブク太るタイプでしたが、インフレを起こす人は、だいたい、そういう体質なんです（会場笑）。

白川氏は、本当は日銀総裁の任に堪《た》えないんですね。学者には実体経済の運営責任者は無理なので、これは、この人を日銀総裁に推《お》した民主党の責任でしょう。そう思います。

増税を推進している新聞も「悪魔《あくま》の牙城《がじょう》」と言える

大川隆法　今はマスコミにも問題がありますよね。自民党政権のときには増税を許さなかったのに、民主党政権なら増税をしてもいいように、何となく国民を丸め込《こ》みに入っていますし、増税で衆議院を解散しなくてもいいように、一生懸命《いっしょうけんめい》、応援《おうえん》しているように見えます。日本の国の仕組みには変なところがあるようですね。

増税賛成というか、政府の増税を推進している新聞は、紙面の第一面に、「消費税の税率が八パーセントになったら、当紙もその分の値上げを行い、十パーセントになったら、やはり、それに合わせた値上げを行います。その上で、購読者層《こうどくしゃそう》を減らさないように頑張《がんば》ることを誓《ちか》います」などと、きちんと公約を書いていただきたいものです。

そういう値上げをせずに、会社のなかだけで税率の増加分を吸収しようとしたら、社員の解雇《かいこ》や給料の引き下げになるんですよ。

おそらく、「新聞の購読料だけは消費税率を上げない」というような密約を、政府と結んでいるはずですが、そういう裏取り引きをするのはマフィアの世界ですね。そういう者たちが、国民を言論で牛耳《ぎゅうじ》り、総理を自分たちの言論で選べることを喜んで、国民を苦しめているなら、ここも悪魔《あくま》の牙城《がじょう》だと言えるでしょう。

したがって、増税を応援している新聞に対しては、「自分たちも、きちんと消費税を払《はら》うんだろうね」と確認したいところです。

新聞は、消費税率が十パーセントになったとき、それに合わせて値上げをしたら、はっきり言って、購読者は減ります。ただ、それは、ほかのところだって同じです。

値上げをしないのであれば、内部でコスト削減《さくげん》をしなくてはいけません。仕入れ価格を下げたり、人員削減をしたりするわけですが、そうなると失業者が増えます。そういう人たちを、どこで吸収するのでしょうか。やがて、正社員が減り、フリーターやアルバイト社員のような人ばかりになっていきます。

今こそ、「路地裏の経済学」の実践《じっせん》を

大川隆法　こうして、だんだん、デフレ・スパイラル（物価の下落と実体経済の縮小が関連し合って進行すること）が深刻化していきます。これは、もう、見えていることです。デフレ・スパイラルになると、ますます失業者が増えるのです。

こういうことは、すべて、国の経済の舵取《かじと》りをする人たちに、発展についての思考がないから起こります。今の総理にも全然ないし、この白川日銀総裁にもないのです。彼らの頭にあるのは緊縮《きんしゅく》財政です。しかし、これは崩壊《ほうかい》すると思います。それで、また日本の停滞《ていたい》がかなり続くでしょうね。

これは、彼らに、実際に会社を経営して大きくしたような経験がない証拠《しょうこ》だと思います。会社を経営したことがない公務員的な人には、経済のことが分からないのだと思うんですね。公務員の場合、働こうが、働くまいが、給料が決まっていて、増えるとしたら残業代ぐらいしかないわけです。

そうですねえ、勝海舟《かつかいしゅう》に学んで、日銀総裁は、土日などの休日には街に出て、商店

街を回り、いろいろな業種について、ものが売れているかどうか、訊《き》いて回ってほしいですね。日本各地のデパートなど、さまざまな所を回って、実態を見ていただきたいものです。そのようにして、「路地裏の経済学」を実践《じっせん》しなくてはいけないでしょう。

私たちは宗教ですが、日銀や財務省、あるいは政府のやり方について、批判したり、コメントしたりしています。分《ぶん》を超《こ》えていることだとは思っていますが、「結果的に国民が苦しむことになるものについては、言わなくてはいけないことがある」と思っているので、あえて言っている次第です。

日銀総裁を罷免《ひめん》できるようにしなくてはいけない

大川隆法　まあ、「白川総裁では駄目《だめ》だ」ということですね。この人の任期は、あとどのくらいあるのですか。

立木　まだ一年余りあるのではないかと思います。任期は五年で、二〇〇八年の就任ですから。

大川隆法　まだ、それだけあるのですか。日銀総裁も罷免《ひめん》できるようにしないといけないでしょうね（注。日銀総裁は、禁錮《きんこ》以上の刑《けい》を受けるなどの場合を除くと、「在任中、その意に反して解任されることがない」と日本銀行法で定められており、総理大臣や国会には罷免の権限はない）。

立木　そうですね。まさにそのとおりです。はい。

大川隆法　ええ。ここは民主主義の外側にありますからね。そして、一元管理でしょう？　ライバルがいればよいのですが、競争がないので……。

立木　日銀総裁は罷免できません。また、「日銀の独立性」という名目で、完全に放っておかれています。

大川隆法　この日銀総裁と、もう一つ、財務省の事務次官もそうですが、国民が選べるわけではないのです。身内だけの論理で行けるため、財務省では増税論者が上のポストに上がってくるんですね。

だから、日本の場合、選挙で選ばれないところに実際の権力者がいて、財務次官と日銀総裁のところで、日本の経済運営をやっているのでしょうが、「彼らが、どれだけ現実の経済のことを分かっているか」ということが問題ですよね。

内部だけの話で、「税金を取れたら勝ち。減税になったら負け」とか、そんなことをやっているようでは駄目ですし、「いわゆる公定歩合《こうていぶあい》を上げたら勝ちで、下げたら負け」というような、単純なゲームをやっているようでもいけないわけです。

これでは、企業《きぎょう》に対して、私のほうから、また、対応策についてのメッセージを出さなくてはいけないでしょうね。

うーん。現状は厳しいなあ。総理があれですしね。野田《のだ》さんは財務が分からないし、今の財務大臣もNHK出身ですからね。マスコミって、経済のことが分からないんですよね。

立木　そうですね。

大川隆法　実際に経済が全然分からないので、経営のできない人たちが多いのです。マスコミ出身の政治家は、人気取りはするんでしょうけれどもね。

自由に操れるので、財務省にとって、あんなにありがたい人はいないでしょう。

おそらく、野田総理に対しても、財務官僚《かんりょう》たちは拍手喝采《はくしゅかっさい》をしていると思います。

そして、「戦後最大の名宰相《めいさいしょう》です。こんな増税をバンバンと決めることができました。これだけの胆力《たんりょく》のある人、勇気のある人は、これまでいなかったのです。大宰相です。吉田茂《よしだしげる》を超えるかもしれません」などと言って、持ち上げているでしょうね。野田総理は、まんまとおだてられているでしょう。

うーん。悔《くや》しいですね。

でも、白川日銀総裁は、少なくとも、私たちが言っていることに反応しているように感じられるので、やはり、言論を撃《う》ち続けないと駄目だと思います。

立木　そうですね。言い続けないといけません。

大川隆法　それは、やがて民《たみ》の声に変わってくるからです。政府や日銀が失敗したら、国民の意見は、その反対のほうに振《ふ》れてきます。

そういう根性のあるところが当会の特徴《とくちょう》ですからね。

日本の「バブル潰《つぶ》し」と「リーマン・ショック」とは違《ちが》う

大川隆法　日銀は、ひどいことをしますよねえ。株価を勝手に下げて、国民の財産を減らし、国民は、それに対して、ただ泣き寝入《ねい》りをするしかない。こんなことが、まかり通るんですからね。

株価の下落に対しては補償《ほしょう》は何もありません。農業や漁業であれば補償がありますし、橋が架《か》かって観光船がなくなったら、それにも補償が出たりするのですが、株価を半分や三分の一にされて財産がなくなった人には補償がゼロなんです。「そんな泡銭《あぶくぜに》を求めた人が悪い」という倫理規範《りんりきはん》が入っているからですが、このへんには資本主義経済を理解していないところがありますね。

綾織　そうですね。

大川隆法　もう一段の進歩が要《い》るかもしれません。

「リーマン・ショック」を経験したことによって、アメリカの経済学者などが反省し、日本の「バブル潰《つぶ》し」の教訓を学んで、「日本を責めたのは悪かった」と言ったようですが、日本のバブル潰しとリーマン・ショックとは違《ちが》いますよね。

立木　違います。

大川隆法　バブルの構造が違うんです。

リーマン・ショックのほうは、サブプライムローンの破綻《はたん》が原因ですが、それを組み込んだ金融《きんゆう》商品は、金融工学に基づき、頭だけで考えてつくられたものです。それは、レバレッジ（梃子《てこ》）によって、動かせる資金をいくらでも膨《ふく》らませていく考え方によるものです。

しかし、日本で株価が上がったのは、それとは違います。

そのため、日本の場合、「どうやったら、国民の財産を減らせるか」ということが、日銀などには明確に分かっていたのです。

アメリカの場合には、ノーベル賞級の特殊《とくしゅ》な頭脳集団が考えてつくり、一般《いっぱん》の人には仕組みが全然分からなかったものが失敗したのです。

バブルと言っても、両者は同じではないと私は思います。

まあ、いいでしょう。言論を出していくしかありませんが、少しずつ影響《えいきょう》は出るでしょう。

立木　はい。頑張ります。

大川隆法　ありがとうございました。

立木・綾織　ありがとうございました。

あとがき

それにしても頑固《がんこ》な人だ。秀才になるとは、頭が固くなることなのか。出世するとは、名誉心のために、庶民の心がわからなくなることなのか。

私は一般に宗教家として世に知られているが、『幸福実現党』という政党の創立者であり、事実上の理論的主柱である。

この国を救い、世界を幸福にするために、あえて、政治、経済、教育にも提言を続けている。

私もかつて、ニューヨークで、国際金融のプロとして、ウォール・ストリートで働く男だった。血が騒《さわ》ぐ。学者と実務家の対決も本書の番外にはある。多くの読者の参考となりますことを。

二〇一二年　一月十二日

国師《こくし》　大川隆法《おおかわりゅうほう》

『日銀総裁とのスピリチュアル対話』　大川隆法著作関連書籍

『沈みゆく日本をどう救うか』（幸福実現党刊）

日銀総裁《にちぎんそうさい》とのスピリチュアル対話《たいわ》
――「通貨の番人」の正体――

2012年1月27日　初版第1刷

著　者　大《おお》川《かわ》隆《りゅう》法《ほう》

発　行　幸福実現党
〒104-0061 東京都中央区銀座2丁目2番19号
TEL(03)3535-3777

発　売　幸福の科学出版株式会社
〒142-0041 東京都品川区戸越1丁目6番7号
TEL(03)6384-3777
http://www.irhpress.co.jp/

印刷・製本　株式会社 堀内印刷所

落丁・乱丁本はおとりかえいたします
©Ryuho Okawa 2012. Printed in Japan. 検印省略
ISBN978-4-86395-168-6 C0030
Photo: YAKOBCHUK VASYL/Shutterstock.com

幸福実現党
THE HAPPINESS REALIZATION PARTY

党員大募集！

あなたも 幸福実現党 の党員に
なりませんか。

未来を創る「幸福実現党」を支え、ともに行動する仲間になろう！

党員になると

○幸福実現党の理念と綱領、政策に賛同する 18 歳以上の方なら、どなたでもなることができます。党費は、一人年間 5,000 円です。
○資格期間は、党費を入金された日から 1 年間です。
○党員には、幸福実現党の機関紙が送付されます。

申し込み書は、下記、幸福実現党公式サイトでダウンロードできます。
幸福実現党 本部　〒104-0061 東京都中央区銀座 2-2-19　TEL03-3535-3777　FAX03-3535-3778

幸福実現党のメールマガジン “HRP ニュースファイル” や “Happiness Letter” の登録ができます。

動画で見る幸福実現党──幸福実現ＴＶの紹介、党役員のブログの紹介も！

幸福実現党の最新情報や、政策が詳しくわかります！

幸福実現党公式サイト
http://www.hr-party.jp/
もしくは 幸福実現党 検索

幸福実現党

沈みゆく日本をどう救うか

野田佳彦総理のスピリチュアル総合分析

大川隆法　著

経済政策も外交方針も中身は何もない!?　野田氏守護霊が新総理の本音を語る。また、かつての師・松下幸之助霊が苦言を呈す。

1,300円

公開対談
日本の未来はここにあり

正論を貫く幸福実現党

大川隆法　著

時代に先駆け、勇気ある正論を訴える幸福実現党の名誉総裁と党首が公開対談。震災、経済不況、外交危機を打開する方策を語る。

1,200円

平和への決断

国防なくして繁栄なし

大川隆法　著

軍備拡張を続ける中国。財政赤字に苦しみ、アジアから引いていくアメリカ。世界の潮流が変わる今、日本人が「決断」すべきこととは。

1,500円

発行　幸福実現党
発売　幸福の科学出版株式会社

※表示価格は本体価格(税別)です。

幸福実現党

もしケインズなら日本経済をどうするか

日本を復活させる21世紀の経済学

大川隆法　著

円高をどう生かすべきか? TPP参加の是非とは? 最強の経済学者の一人・ケインズが、日本を救う財政・金融政策と震災復興策を語る。

1,400円

北朝鮮 ―終わりの始まり―

霊的真実の衝撃

大川隆法　著

「公開霊言」で明らかになった北朝鮮の真実。金正日が自らの死の真相を、後継者・金正恩の守護霊が今後の野望を語る。

1,300円

国家社会主義への警鐘

増税から始まる日本の危機

大川隆法　著

幸福実現党・名誉総裁と党首が対談。保守のふりをしながら、社会主義へとひた走る野田首相の恐るべき深層心理を見抜く。

1,300円

発行　幸福実現党
発売　幸福の科学出版株式会社

※表示価格は本体価格(税別)です。